KB200861

주밖에는
나의 복이 없다

시편과 함께하는 예수동행 1

주밖에는
나의 복이 없다

유
기
성

규장

예수님과 동행하는
은혜의 눈이 열리다!

2010년부터 2019년까지 매주 시편 강해 설교를 하였습니다. 기간이 길었다는 의미보다 비교할 수 없이 저에게 중요한 것은, 그 기간이 매일 일기를 쓰면서 예수님과 친밀히 동행하려고 애썼던 시기였다는 것입니다. 처음 시편 강해 설교를 시작할 때 솔직히 전체 150편이라는 많은 분량 때문에 부담스러웠지만, 제 마음과 영은 알 수 없는 흥분으로 벅차올랐습니다. 시편과 함께 예수님을 살아 계신 주님으로 믿고 친밀히 동행하고 싶은 갈망으로 가득하였습니다.

하나님과 친밀히 교제하는 사람들을 만나는 시편

예수동행일기를 쓰기 시작했던 해가 2010년이었습니다. 예수님과의 친밀한 동행을 더 깊이 경험하고 싶었고 또 그것만 전하고 싶었습니다. 이것은 예수님을 믿으면 누구나 다 누릴 수 있는 복입니다. 성령 하나님이 우리 안에 오셨는데 이보다 더 친밀한 교제가 어디 있겠습니까? 그렇지만 예수를 믿는 많은 성도들이 살아 계신 주님과 친밀한 교제를 누리지 못한 채 살아간다는 것 역시 부인할 수 없는 현실입니다. 주님과 친밀하게 교제하며 사는 그리스도인들을 찾아보기가 너무 어렵습니다. 저는 이것이 너무나 안타까웠습니다. 그래서 하나님께 간절히 기도했습니다.

"하나님, 주님을 깊이 알고 친밀하게 교제하는 사람을 만나게 해 주세요. 그런 사람들과 교제하면서 경험을 나누고 도움을 받고 싶은 마음이 간절합니다. 그런 사람을 만나기 힘들다면 책으로라도 만나고 싶습니다."

그렇게 기도하는 중에 하나님께서 바로 성경 안의 시편이 그것이라고 깨우쳐주셨습니다. 하나님을 살아 계신 하나님으로 알고 하나님과 대화하고 교제하는 사람들이 시편 기자들이었습니다. 시편 기자들에게 하나님은 살아 계신 하나님이었고, 대화가 되는 하나님이었고, 만날 수 있는 하나님이었습니다. 시편은 하나님과 친밀히 동행하였던 사람들의 신앙고백이요 기도요 찬송이고 감사였습니다. 그래서 시편을 강해하면서 저도 예수님과 더 깊고 친밀히 교제하고, 성도들 역시 그런 은혜의 삶으로 인도하고 싶었습니다. 하나님을 인격적으로 알고 하나님과 친밀히 동행하였던 시편 기자들의 고백과 기도와 찬송이 예수님과 친밀히 동행하려는 우리에게 영적 길잡이가 되어주리라 기대하였던 것입니다.

그리고 시편을 묵상할 때마다 하나님께서 기대 이상으로 놀랍도록 눈을 열어주시는 은혜를 받았습니다. 시편을 강해하기 전에는 시편이 같은 내용의 반복처럼 여겼습니다. 그런데 아니었습니다. 매번 설교할 때마다 묵상한 시편은 그 자체로 완전한 메시지였고 독특한 은혜가 있었습니다. 주님을 더 깊이 알게 되었고, 주님의 기쁨도 눈물도 애통함도 진노도 놀라운 계획도 느낄 수 있었습니다.

시편을 묵상하며 예수님과 동행한 여정의 기록!
다윗의 수많은 시편을 묵상하다보니 시편 하나하나가 그가 쓴 일기임을 알게 됩니다.

나를 훈계하신 여호와를 송축할지라 밤마다 내 양심이 나를 교훈하도다 시 16:7

우리가 예수동행일기를 쓰면서 지난 하루를 돌아보며 주님께서 훈계하고 교훈하시는 것을 깨닫듯이 다윗도 그랬던 것을 알았습니다. 다윗의 시편을 통하여 깨달은 것과 받은 은혜가 너무 많습니다. 하나님과 친밀히 교제하는 자에게서만 느낄 수 있는 은혜가 너무나 풍성히 드러나 있습니다. 감히 제가 다윗처럼 되었다고 할 수 없지만 다윗의 마음을 이처럼 깊이 느껴본 적은 없었습니다. 그것은 다윗의 시편이 매일매일 하나님과 동행한 일기였기 때문이었습니다.

시편을 강해하기로 결심한 것도 큰 결단이 필요했지만, 그 설교문을 책으로 출간하는 것도 큰 결단이 필요했습니다. 방대한 작업이기 때문이기도 했지만 설교하는 현장에서만 경험할 수 있는 성령의 역사를 책으로 담아낼 수 있을까 자신이 없었기 때문입니다.

그러나 시편을 강해했던 10년 동안 제게 예수님과 동행하는 눈이 열렸습니다. 마치 어린아이가 장성하면서 부모님을 더 깊이 이해하며 철이 든 느낌입니다. 그 과정이 10년 동안의 시편강해 설교에 그대로 담겨 있습니다. 10년 전의 설교문을 정리하면서 그때그때의 간절함과 열망, 기쁨과 안타까움이 고스란히 담겨 있음을 보았습니다. 미숙한 부분이 보이기도 했지만 가능하면 그대로 싣기로 했습니다. 미숙함은 미숙함대로 의미가 있다고 생각되었기 때문입니다.

이 책은 단순한 시편강해 설교집이 아닙니다. 시편을 묵상하며 예수님과 동행했던 과정을 담아낸 기록입니다. 예수님과 동행하기를 갈망하는 그리스도인들이 주님과 어떻게 친밀하게 교제할 수 있는지 눈이 열리는 데 도움이 되었으면 합니다.

유기성

주밖에는
나의 복이 없다
Contents

1

| 시편 1편 1-6절 |

복 있는
사람이 된 증거를
굳게 붙들라

시편 1편은 시편의 첫 시이면서 시편 전체의 문을 여는 성경입니다. 시편 1편은 '복 있는 사람'에 대해서 말씀합니다. 복 있는 사람은 시편에 나오는 모든 하나님의 사람들을 대표하는 표현입니다. 하나님을 인격적으로 알고 친밀한 교제를 나누며 하나님과 대화하듯이 기도하고 그분께 마음을 쏟고 사랑하며 감사하는 사람이 복 있는 사람이라는 것입니다.

그러면 한번 질문해보겠습니다. 당신은 복 있는 사람입니까? 주변에서 그런 말을 듣고 있습니까? "당신은 정말 복 있는 사람이에요." 가족이나 친척 혹은 이웃이나 직장에서 다들 그렇게 이야기합니까? 하도 많이 들어서 귀찮을 정도입니까? 아니면 그 반대입니까? 안타깝게도 많은 그리스도인들이 자신은 복이 없다고 생각합니다. '나는 복도 지지리 없어. 왜 이런 집에서 태어났는지 몰라. 나는 왜 능력이 이것밖에 안 되지? 내 환경은 또 왜 이 모양이야?' 복이 없기 때문에 아무리 노력해도 되는 일이 없다고 여깁니다.

그러나 실제는 그렇지 않습니다. 예수님을 영접한 사람이라면 다 복 있는 사람입니다. 되는 일이 없는데 무슨 소리냐고 한다면 그것은 복이 무엇인지 정확히 모르기 때문에 하는 말입니다. 사실 예수를 믿고도 그렇게 느낀다면 심각한 문제입니다. 예수를 믿으면 사람이 거듭난다고 하는데, 이 말에는 내가 예수를 믿기 전에는 복이 없는 사람이었는데, 예수를 믿고 나서 복 있는 사람이 되었다는 의미가 포함된 것입니다.

복을 깨달으라!

여러분, 복을 받았는데도 자신은 복이 없다고 느낄 수 있을까요? 물론입니다. 부모가 자녀를 기르다보면 자신이 불행하다고 생각하는 자녀들을 볼 때가 있는데 여간 곤혹스런 일이 아닙니다. 제가 자랄 때와 지금 아이들을 비교해보면 요즘 아이들은 너무 풍족한 환경에서 자랍니다. 어려운 시절을 보냈기에 요즘 아이들의 환경이 좋아 보입니다. 그런데 아이들은 자기들이 불행하다고 생각합니다. 복을 받고도 그것이 복인 줄 모를 수 있습니다. 그러면 복이 복이 되지 않는 것입니다.

　복을 받는 일은 너무나 소중합니다. 저는 목사의 아들로 자라면서 어려서부터 축복기도를 많이 받았습니다. 교회나 저희 집을 방문하시는 많은 목사님들이 제 머리에 손을 얹고 복을 빌어주신 것입니다. 왜 그렇게 머리에 손을 얹고 자꾸 눌러대시는지 기도받는 것도 힘들다고 생각했습니다. 그때는 그것이 귀한 줄 몰랐기 때문입니다. 그런데 지금 돌아보니 그 기도가 제 삶과 사역을 놀랍게 이끌어가고 있는 것을 느낍니다.

1990년, 제가 부산제일교회 담임목사로 청빙을 받아 부임해갈 때 간절히 바라는 것이 있었습니다. 그것은 담임목사님이셨던 김선도 목사님에게 축복기도를 받고 가는 것이었습니다. 어떻게 생각하면 대단한 일이 아닙니다. 축복기도를 받고 가든 아니든 무슨 큰 문제가 되겠습니까? 그러나 그때 제 마음은 간절했습니다. 그래서 담임목사님을 찾아가 무릎을 꿇고 "목사님, 제게 손을 얹고 축복해주십시오"라고 간절히 부탁했습니다. 그리고 그 복을 받고 나서 담임목사 사역을 시작했습니다.

복 있는 사람은 사는 모습이 다르다

복을 받는다는 것은 너무나 놀라운 일입니다. 복이 있는 사람과 복이 없는 사람은 사는 모습에서 완전히 차이가 납니다.

> 그는 시냇가에 심은 나무가 철을 따라 열매를 맺으며 그 잎사귀가 마르지 아니함 같으니 그가 하는 모든 일이 다 형통하리로다 시 1:3

시냇가에 심은 나무는 무엇을 위해 애쓸 필요가 없습니다. 물의 근원 옆에 뿌리를 내리고 있어서 철을 따라 잎사귀가 푸르러지고 저절로 열매가 맺힙니다. 시냇가에 심은 나무가 사는 모습이 얼마나 쉽습니까? 그것이 복을 받은 사람의 모습입니다. 그러면 거칠

시편 1편

고 메마른 바위산에 심은 나무는 어떻습니까? 아무리 몸부림을 쳐도 열매 맺기가 어렵습니다. 열매는 고사하고 말라 죽지 않으면 다행입니다. 이런 삶이 복이 없는 모습입니다.

여러분의 삶은 어느 쪽입니까? "확실히 나는 복이 없네"라고 말할 분들이 많을 것입니다. 사는 게 너무 힘드니까 자신이 시냇가에 심은 나무가 아니라고 여깁니다. 그런데 정말 그렇습니까? 그것은 형통함을 세상적인 기준으로만 생각하기 때문입니다.

시편에는 힘들고 어려운 처지에서 눈물로 기도하는 내용이 많이 나옵니다. 그들이 다 복된 사람들이지만 당시 그들의 형편은 말할 수 없이 어려웠습니다. 그러므로 세상적인 형편을 보고 복이 있는지 없는지 정확히 판단할 수는 없습니다. 지금은 힘들고 어려워 보여도 나중에 가서 엄청난 열매를 맺는 사람들도 있고, 반대로 지금은 형통해 보여도 한순간에 무너져 내리는 인생도 있습니다.

아브라함과 롯 중에 누가 잘된 것입니까? 조카 롯은 소알 땅의 기름지고 물 많은 땅을 택했고, 그때는 롯이 형통한 것처럼 보였습니다. 아브라함은 산골짜기 헤브론으로 이사를 갔습니다. 그런데 세월이 흐른 뒤 롯은 유황불 심판으로 그 소유가 다 불타버렸고, 아브라함은 동서남북을 바라보는 대로 다 자신의 땅이 되었습니다. 무엇이 형통인지 쉽게 판단할 문제가 아닙니다. 지금 자신의 형편이 힘든지 쉬운지, 잘 되고 못 되는지로 복이 있고 없음을 판단해서는 안 됩니다.

진짜 복이 있는지 없는지를 무엇으로 판단해야 하는지는 성경이 말해주고 있습니다. 시냇가에 심은 나무의 복을 이해하려면 1,2절의 말씀을 바로 알아야 합니다.

> 복 있는 사람은 악인들의 꾀를 따르지 아니하며 죄인들의 길에 서지 아니하며 오만한 자들의 자리에 앉지 아니하고 오직 여호와의 율법을 즐거워하여 그의 율법을 주야로 묵상하는도다 시 1:1,2

이 말씀을 잘못 읽으면 안 됩니다. 악인들의 꾀를 따르지 않고, 죄인들의 길에 서지 않고, 오만한 자들의 자리에 앉지 않고, 하나님의 말씀을 묵상하고 즐거워하는 사람에게만 하나님이 복을 주신다는 것이 아닙니다. 결코 그런 말이 아닙니다. 복이 있으니까 더 이상 악한 자의 꾀를 따르지 않게 되고, 죄인의 길에 서지 않고, 오만한 자들과 어울리고 싶지 않고, 하나님의 말씀을 사모하게 되고, 말씀대로 살고 싶어진다는 것입니다. 그에게 복이 있어서 그렇게 된다는 것입니다. 어떤 손해를 입고 어려움을 겪을지라도 더 이상 악한 사람들이 꾀를 내는 것이 싫고, 죄인들의 길에 서고 싶지 않고, 그런 사람들과 어울리고 싶지 않고, 조금 힘들고 고생스러워도 하나님 말씀대로 살고 싶어진다면 그것이 복 있는 사람이기 때문입니다.

복이 없는 사람은 그렇게 되지 않습니다. 죄인의 길에 서지 않고 악인의 꾀를 좇지 않으려 애를 쓰고 결심해도 안 됩니다. 자기도 모르게 또 그 자리에, 또 그 사람들과 어울립니다. 성경을 보려고만 하면 잠이 쏟아집니다. 설교 시간에도 하나님의 나라나 고난의 유익에 대한 말씀들은 귀에 안 들어옵니다. 그런 사람이 복이 없는 것입니다. 여러분은 요즘 어떻습니까? 뚜렷이 죄짓는 일이 싫어지고, 세상 사람들과 어울려 세상 이야기나 나누는 일이 부담스러워지고, 성경을 더 읽고 싶고, 주의 일에 더 힘쓰고 싶고, 가정에 더 충실하고 싶고, 가까운 사람들을 더 사랑하고 싶은 마음이 일어나십니까? 그렇다면 자신이 복 있는 사람이라는 증거입니다.

세상에서 잘되는 것만 바라보다가는 판단을 그르치게 됩니다. 우리는 진짜 복을 알아야 합니다. 하나님께서 제사장들에게 이스라엘 백성들을 위하여 복을 빌어주라고 명령하신 복이 있습니다.

여호와께서 모세에게 말씀하여 이르시되 아론과 그의 아들들에게 말하여 이르기를 너희는 이스라엘 자손을 위하여 이렇게 축복하여 이르되 여호와는 네게 복을 주시고 너를 지키시기를 원하며 여호와는 그의 얼굴을 네게 비추사 은혜 베푸시기를 원하며 여호와는 그 얼굴을 네게로 향하여 드사 평강 주시기를 원하노라 할지니라 하라 그들은 이같이 내 이름으로 이스라엘 자손에게 축복할지니 내가 그들에게 복을 주리라

민 6:22-27

하나님께서 항상 그들을 지키시고 하나님의 얼굴빛을 그들에게

향하고 바라보신다고 하십니다. 하나님께서 주시려는 복이 무엇입니까? 바로 하나님과 친밀하게 교제하는 관계의 복, 은혜와 평강의 복입니다. 이것이 진짜 복입니다.

말씀을 사모하는 복

복 있는 사람은 하나님의 말씀을 사모합니다.

> 오직 여호와의 율법을 즐거워하여 율법을 주야로 묵상하는도다 시 1:2

이 말씀이 고민되는 사람이 있을 것입니다. 성경 읽는 것이 부담스럽고 말씀을 듣기가 싫은 사람입니다. 하나님의 말씀이 즐거워야 한다는데, 성경만 읽으면 졸음이 오고 하나님의 말씀을 알고자 하는 간절함도 생기지 않는 사람은 어떻게 합니까? 그런 마음이 있다는 것이 이상한 것은 아닙니다. 사람의 본성이 그렇습니다. 우리에게 원죄가 있기 때문에 하나님의 말씀이 자신을 구속하고 자유를 빼앗는 것만 같아 부담스럽습니다. 원죄가 무엇입니까? 아담과 하와를 통해 보여주신 것처럼 하나님이 먹지 말라고 한 선악과를 먹은 것입니다. 그러니까 원죄는 곧 하나님의 말씀을 버린 것입니다.

그러나 우리가 예수님을 믿게 되면 우리 안에 완전히 새로운 마음이 일어납니다.

우리가 세상의 영을 받지 아니하고 오직 하나님으로부터 온 영을 받았으니 이는 우리로 하여금 하나님께서 우리에게 은혜로 주신 것들을 알게 하려 하심이라 고전 2:12

하나님의 성령이 우리에게 오심으로 이제 하나님이 주신 은혜가 깨달아집니다. 말씀을 들으면 은혜가 되고 찬송을 부르면 위로가 되고 예배를 드리고 싶고 말씀을 더 알았으면 좋겠다는 갈망이 있다면 우리 안에 이 복이 심어진 것입니다.

거룩을 갈망하는 복

어느 초등학교 선생님이 시험 감독을 하다가 보니 늘 1등 하고, 시험만 보면 100점을 맞는 아이가 그날따라 매우 괴로워하는 것이 보였다고 합니다. 가만히 보니 한 문제의 답을 몰라 그것 때문에 쩔쩔매고 있는데, 맨날 커닝만 하던 옆자리에 앉은 아이가 어떻게 정답을 알고는 이 아이를 팔꿈치로 쿡쿡 찌르면서 정답을 보여주었습니다. 공부 잘하는 아이는 기를 쓰고 그것을 보지 않으려고 하고, 커닝한 아이는 정답을 보고 쓰라고 계속 쿡쿡 찌르는 상황이었습니다.

선생님이 그들을 관심 있게 지켜보고 있었는데, 시험 시간이 끝나기 직전에 공부 잘하는 아이가 그만 답을 보고 쓰는 모습을 보며 선생님의 마음이 무너졌습니다. '아이고, 쟤가 결국 커닝을 하고 말았구나!' 시험 시간이 끝나고 다들 답안지를 제출하고 나가는데, 이 아이는 얼굴이 벌게진 채 고개를 숙이고 가만히 앉아 있었습니다. 마지막으로 답안지를 가지고 나오더니 선생님을 바라보고 울먹이며 말했습니다. "선생님, 저 빵점입니다. 제가 한 문제 보고 썼습니다." 그때 선생님이 그 아이를 끌어안고 울었답니다. 여러분, 이 아이가 복이 있는 것입니다. 하나님께서 그것을 놓치지 않으십니다. 비록 그날 시험은 빵점 처리될 수 있지만, 그 아이의 인생 전체를 놓고 보면 그것이 복입니다.

우리 안에 성령이 임하셨습니다. 거룩한 영이십니다. 그러므로 모든 성도에게 거룩함에 대한 갈망이 있습니다. 성령 하나님께서 우리가 더 이상 세상적으로 살지 못하게 만드십니다. 죄에 대한 거부감이 생깁니다. 하나님의 말씀을 더 알고 싶고 하나님의 인도를 받아 살고 싶도록 만들어주십니다. 비록 육신의 욕구가 여전히 강하여 헤매고 살면 우리 마음이 괴롭습니다. 이것이 하나님의 성령이 하시는 근심입니다. 이것이 복 있는 사람이라는 증거입니다.

복 없는 사람은 거짓말도 능력이라고 생각합니다. 속는 사람이 멍청하다고 생각합니다. 그러나 어느 쪽이 멍청합니까? 속이는 자가 멍청한 것입니다. 하나님이 살아 계신데 거짓말하는 자에게 복을 주시겠습니까? 혹시 아직 거짓말을 버리지 않고 있는 분이 있다면 반드시 자신에게 이렇게 질문해보십시오. "하나님이 거짓말하는 나를 축복하실까? 거짓말을 미워하시는 하나님께서 거짓말이 깔려 있는 나의 계획에 복을 주실까?" 하나님은 거짓말하는 자를 축복하지 않습니다. 거짓말하지 못하는 사람이 복 있는 사람입니다. 어려움이 있더라도 주님을 더 알고 싶고 세상과 구별되게 살고 싶은 마음 자체가 복 있는 사람의 증거입니다. 주님이 함께하시는 증거입니다. 그것이면 충분합니다.

돌이켜 회개하는 복

> 악인들은 그렇지 아니함이여 오직 바람에 나는 겨와 같도다 그러므로 악인들은 심판을 견디지 못하며 죄인들이 의인들의 모임에 들지 못하리로다 시 1:4,5

하나님께서는 그동안 한국 교회와 성도들에게 "회개하라. 은밀한 죄에서, 싸움과 분열에서 돌아서라"고 경고하셨습니다. 복 있는 자로 살지 못하고 멸망당할 악한 자의 길을 가니 얼마나 답답하시겠습니까? 그러나 우리는 그런 경고를 듣고도 좀처럼 회개하지 않습니다. 특별히 전쟁의 소문이 들릴 때 우리가 할 일은 이제 정말 회개해야 할 자리에서 돌아서는 것입니다. 마음에 성령께서 주시는 경고가 느껴집니까? 그렇다면 속히 돌아서야 합니다. 하나님께서 우리 모두에게 형통한 자가 될 복을 주셨는데, 복을 복으로 여기지 않고, 세상을 따라 죄의 길을 가거나 악한 사람들과 어울리면서 악인들의 꾀를 따라가는 일은 없는지 스스로 돌아보아야 합니다.

우리가 전쟁을 막기 위해서 할 수 있는 일이 있습니까? 군인이 아니더라도 그리스도인이 전쟁을 막기 위해 할 수 있는 일이 있습니다. 우리 스스로 죄인의 길에서 빨리 벗어나는 것입니다. 소돔과 고모라가 멸망당한 것은 그곳에 의인 열 사람이 없었기 때문입니다. 그리스도인이라면 하나님이 기뻐하시지 않는 길에서 돌이켜 하나님의 말씀대로 살아야 합니다. 우리가 그렇게 살기 시작하고 그런 성도들이 일어나면 전쟁을 막을 수 있습니다. 그리스도인인 우리가 전쟁을 막을 수 있습니다! 우리 그리스도인들은 복 있는 자이기 때문입니다.

특히 교회 안에서 성도들끼리 싸우는 일이 없어야 합니다. 서로 미워하고 정죄하고 판단하는 은밀한 죄를 하나님께서 다 알고 계십니다. 교회 안의 중직들은 더욱 명심해야 합니다. 그 죄가 나라를 전쟁으로 몰아갈 수도 있습니다. 은밀한 죄, 음란의 죄, 거짓말의 죄, 성도들이 서로 다투는 죄는 무슨 일이 있어도 정리해야 합니다. 왜 망하는 길로 가느냐 말입니다.

형통한 자의 길을 가는 복

무릇 의인들의 길은 여호와께서 인정하시나 악인들의 길은 망하리로다
시 1:6

저희 교회에는 매주 화요일 남자 성도들이 모이는 '믿음으로 사는 남자들'이라는 모임이 있습니다. 처음 이 모임을 시작할 때 성도들이 하나님 앞에 간절히 결단한 것이 있습니다.

"하나님, 제가 남자입니다. 아버지이자 남편이자 가장입니다."

"이제는 세상 의지하던 줄을 온전히 끊겠습니다."

"직장에서 불의한 방법으로 계약하지 않겠습니다."

"술자리를 피하겠습니다."

"먹고사는 걱정 근심 하지 않겠습니다."

"집에서 화내고 짜증내지 않겠습니다."

"자녀들을 위하여 매일 축복기도 해주겠습니다."

"정직하고 죄짓지 않겠습니다."

"분노를 이길 힘을 주심을 믿겠습니다."

"정상적인 상품만 취급하겠습니다."

"손해 보더라도 거짓말하지 않겠습니다."

"작은 법도 꼭 지키겠습니다."

"검소하게 살아 꼭 빚을 정리하겠습니다."

"수입의 십일조를 드리겠습니다."

"시간의 십일조를 드리겠습니다."

"나의 회사를 주님을 위한 회사가 되도록 하겠습니다."

"수요예배, 금요철야 전에 영업을 끝마치겠습니다."

    남자 성도들이 이렇게 구체적으로 결단했습니다. 누가 시켜서한 것이 아닙니다. 마음 안에 계신 성령께서 결단하게 하신 것입니다. 이 모든 고백을 들으며 눈시울이 뜨거웠습니다. 비로소 하나님을 진정으로 믿게 되고 복을 복으로 깨달았다는 증거이기 때문입니다. 이런 결단을 하는 사람이 복 있는 사람입니다.

    하나님께서는 우리에게 복을 주셨습니다. 우리 심령 안에 다 주셨습니다. 여러분 안에 이 마음이 있습니까? 다 있는 줄 믿습니다. 그것이 복입니다. 복을 복으로 여겨야 합니다. 복을 복으로 아는 눈이 열려야 '이것이 사는 길이구나!' 하고 그것을 붙잡게 됩니다. 비록 그 때문에 내가 어려움을 겪을지라도 "나는 하나님을 믿으리라!" 할 때 일어나는 것입니다. 그럴 때 우리도 살고 나라도 삽니다. 우리는 형통하는 자의 길에 서야 합니다. 망하는 자의 길에서 빨리 벗어나야 합니다.

2

예수
그리스도께
입맞추라

시편 강해를 시작하면서 설명하기 어려운 감동이 있었습니다. 알 수 없는 영적인 흥분과 함께 이전에 경험해보지 못한 일들을 하나님께서 하시리라는 느낌이 들었습니다. 시편은 우리가 하나님께 어떻게 반응해야 하는지, 그 감각을 깨우쳐주는 책입니다. 눈에 보이는 세상만이 아니라 하나님과 하나님나라를 보게 해줍니다. 시편 기자들은 참으로 하나님을 믿고 친밀히 교제하는 사람들이었습니다. 그래서 시편을 읽다보면 하나님의 나라가 보이고 하나님의 음성이 들리고 하나님의 숨결이 느껴집니다. 사도 바울이 고린도후서 12장 2-4절에서 자신이 셋째 하늘에 올라갔을 때 어떤 체험을 했는지 자세히 기록하고 있지는 않지만, 시편 2편을 읽고 또 읽으면서 마치 저도 그런 체험을 하는 것 같았습니다.

세상이 큰가? 하나님이 큰가?

저는 어려서부터 하나님을 믿었지만 솔직히 하나님보다 세상이 훨씬 커 보였습니다. 세상은 너무 크고 강한데 교회는 너무 작고 초라해 보였습니다. 하나님이 정말 살아 계신다면 왜 아직도 하나님을 믿지 않는 사람들이 저렇게 많고 그들이 세상 권세를 좌지우지하는지, 저로서는 도저히 이해할 수 없는 고민거리였습니다. 그런데 그 질문에 대한 답을 하나님께서 시편 2편에서 해주고 계셨습니다. 1-3절은 하나님을 대적하고 부인하고 조롱하는 이 세상 권세자들에 대해 말씀하고 있습니다.

어찌하여 이방 나라들이 분노하며 민족들이 헛된 일을 꾸미는가 세상의 군왕들이 나서며 관원들이 서로 꾀하여 여호와와 그의 기름부음 받은 자를 대적하며 우리가 그들의 맨 것을 끊고 그의 결박을 벗어버리자 하는도다 시 2:1-3

1절에 '민족들'이란 백 명, 이백 명 단위가 아닙니다. 엄청난 수입니다. 이 세상에는 하나님을 부인하고 조롱하는 자들이 너무 많습니다. 게다가 그들은 하나같이 유력한 자들로 '세상의 군왕들과 관원들'입니다. 하나님을 거부하는 이들이 세상 권력을 장악하고 있습니다. 세상 군대를 지휘하고 과학 발전을 선도하고 교육 정책을 만들며 정부를 이끌고 재계를 지배합니다. 실제로 이 세상의 리더십 중에 하나님을 믿지 않는 사람들이 어찌 그리 많습니까?

그에 비해 하나님을 믿는 사람들은 너무나 나약해 보입니다. 세상 사람들은 정치, 경제, 사회, 문화 모든 분야에서 권세를 가지고 세상을 뒤흔드는데, 하나님을 믿는 사람들은 모여서 찬송만 부르고 기도만 합니다. 도대체 어떻게 이 세상과 싸우겠다는 것인지 우리 스스로 보기에도 초라합니다. 그러니까 똑똑하고 야심 있는 청년들이 교회를 떠나는 것도 이해가 됩니다. 교회에서 성경만 읽고 기도만 해서 뭐가 되겠나 싶으니까 화려하고 힘이 있고 수가 많은 세상에 더 끌리는 것입니다.

세상을 바라보는 눈의 차이

그러나 시편은 우리에게 전혀 새로운 눈을 열어줍니다.

> 하늘에 계신 이가 웃으심이여 주께서 그들을 비웃으시리로다 시 2:4

시편은 이 세상 사람들을 보면서 비웃으시는 하나님을 보게 합니다. 눈에 보이는 이 세상이 전부가 아니라 하나님이 계시고 하나님의 나라가 있음을 보여줍니다. 이 말씀을 묵상하는데 하나님께서 제 눈을 정말 놀랍게 열어주셨습니다. 하늘이 보이고 하나님이 보이고 그 하나님을 대적하고 조롱하는 수많은 세상 사람들을 보고 비웃으시는 하늘의 하나님을 보게 하십니다. 그러면서 한순간에 모든 것이 바뀌어버립니다.

사도 바울이 성령에 의하여 셋째 하늘에 이끌려 갔을 때입니다.

> 그가 낙원으로 이끌려 가서 말로 표현할 수 없는 말을 들었으니 사람이

그가 무엇을 보았고 무엇을 들었는지 알 수는 없습니다. 그러나 분명한 것은 하나님의 나라를 보고 난 후 사도 바울은 세상에서 유익하던 모든 것을 배설물처럼 여겼다고 했습니다. 그에게 더 이상 세상이 커 보이지 않고 두렵지 않았다는 것입니다. 시편을 건성으로 읽지 말아야 합니다. 시편 말씀이 여러분 안에, 여러분이 시편 속으로 들어가는 놀라운 은혜를 경험하기 바랍니다.

우리가 세상에서 살다보면 위축될 때가 있습니다. 직장에서 믿지 않는 상사를 만나면 우리의 믿음이 조롱을 받습니다. 하나님을 믿는다고 하는데 세상에 나가면 통하지 않습니다. 그럴 때 세상이 두렵고 사람이 무서워서 말 한마디 제대로 하기가 어렵습니다. 그것은 우리의 영적 눈이 열리지 않아서 그런 것입니다. 우리의 눈이 열려서 이 세상 권세자들이 다스리는 세상과 비교할 수 없는 하나님과 하나님의 나라를 보게 되면 우리의 생각과 태도가 완전히 뒤바뀝니다. 이 세상이 아무리 넓고 크고 놀라워도 하나님나라에 비하면 아무것도 아닙니다. 세상 모든 지식이 보여주는 세계와 비교할 수 없이 하나님의 나라는 크고 놀랍습니다. 그 눈이 열려야 합니다.

세상은 전적으로 크기나 숫자로 경쟁하는 곳입니다. 힘과 돈과 숫자만이 진리입니다. 이러한 세상에서 우리의 믿음을 지키려면 시편 기자처럼 하나님의 나라를 보는 영안(靈眼)이 열려야 합니다.

사방을 둘러보면 하나님을 안 믿는 사람들만 있는 것 같습니다. 그런 사람들만 눈에 보이기 때문에 죄 안 짓고 살기가 어렵습니다. 세상은 죄짓도록 우리를 유혹합니다. 고난을 견디기 어렵습니다. 그러나 영안이 열려 하나님과 허다한 증인들이 우리 주변을 둘러싸고 있는 것을 보면 도저히 죄지을 수 없습니다. 무슨 외로움을 느끼겠습니까? '나 혼자 남았습니다!'라는 탄식의 기도가 나오겠습니까? 죄를 지으라고 해도 짓지 않습니다.

수를 과시하고 힘을 자랑하는 세상에 대항하여 하나님의 영광을 드러내려면 우리도 크기와 숫자로 압도하면 되지 않을까요? 스핑크스보다 더 큰 신상을 세우고 앙코르와트보다 더 신비한 신전을 세우면 세상 사람들도 한순간에 입을 다물게 되지 않겠습니까? 그런데 하나님이 하시는 방법은 이해하기가 어렵습니다. 하나님은 아주 평범한 사람을 택하십니다. 그에게 기름을 부으시고 종으로 삼으셔서 그를 통하여 세상에 하나님의 살아 계심을 증거하십니다.

하나님의 계획, 예수 그리스도

> 내가 나의 왕을 내 거룩한 산 시온에 세웠다 하시리로다 … 너는 내 아들이라 오늘 내가 너를 낳았도다 시 2:6,7

하나님의 방법은 한 사람을 세우는 것이었습니다. 시편 2편에서 이 사람은 문자적으로 다윗을 말합니다. 하나님이 다윗을 세우셔서 세계 열방을 향해 하나님을 증거케 하셨다는 말입니다. 물론 다윗은 위대한 왕이었습니다. 그러나 하나님이 다윗을 택하여 세우실 때 그는 평범한 목동에 불과했습니다. 아버지조차 무시했던 여덟 형제 중의 막내였습니다. 우리가 늘 보는 평범한 사람 중에서도 약해 보이는 한 사람을 택하시고 기름을 부으셔서 열방을 향한 하나님의 증인으로 세우셨습니다.

우리 지혜로는 하나님께서 이렇게 문제를 풀어가시는 것을 이해하기가 어렵습니다. "지금 세상이 어떤 세상인데, 하나님도 참 답답하십니다!" 이스라엘은 장엄한 신전들과 신상과 무자비한 군대와 거대한 도서관을 뽐내는 세계열강에 둘러싸여 있었습니다. 그러면 하나님이 택한 이스라엘은 그보다 더 큰 것을 만들면 될 것 같습니다. 그러나 하나님은 이스라엘 백성들이 거대한 신전이나 신상을 세우는 것을 철저히 금하셨습니다. 그래서 이스라엘에는 보여줄 것이 아무것도 없습니다. 그것은 하나님께서 그런 방법으로 하나님의 존재와 영광을 드러내지 않으시기 때문입니다. 하나님께서는 오직 사람을 택하여 세우셨습니다. 그리고 그를 통해 하나님의 존재와 통치와 영광이 드러나게 하셨습니다.

예수님도 복음을 전하기 위해 기념이 될 만한 건물을 세우거나 조직을 만들거나 책을 쓰신 것이 아니라 오직 열두 명의 제자를 세우셨습니다. 그들 중 대부분은 물고기를 잡던 어부요 지극히 평범한 서민들이었습니다. 그런데 그것이 하나님의 놀라운 지혜와 방법이었습니다. 하나님께서 왜 그렇게 하셨을까요? 이것이 세상을 상대하는 하나님의 방법입니다. 여기에 하나님의 전략이 있습니다. 그것은 '예수 그리스도'를 온전한 사람으로 이 세상에 보내시는 것이었습니다. 하나님은 예수 그리스도를 통하여 세상을 구원하고 세상을 심판하십니다. 예수님 한 분이면 충분합니다. 하나님이 평범한 사람의 몸을 입고 이 땅에 오시는 것이었습니다.

그런데 사람들이 이것을 어떻게 믿을 수 있습니까? 하나님이 사람이 되어 이 땅에 오시는 이 엄청난 복음을 사람들이 어떻게 감당하겠습니까? 그래서 하나님은 계속해서 아주 평범하고 약한 한 사람에게 기름을 부어 하나님의 역사를 이루는 자로 쓰셨던 것입니다. 우리가 하나님이 하시는 일을 보며 예수님을 믿을 준비를 하도록 하셨습니다. 아브라함, 요셉, 모세, 다윗이 모두 그런 사람입니다. 다윗 왕이 바로 예수님의 예표였습니다. 하나님께서 예수 그리스도 안에 있는 하나님의 영광을 보도록 우리를 계속 학습해오신 것입니다. 그리고 때가 되어 약속대로 예수 그리스도가 오셨습니다. 우리에게 이보다 더 놀라운 일은 없습니다.

히브리서 기자는 시편 2편 말씀이 예수 그리스도에 대한 예언이었다고 해석해줍니다.

… 너는 내 아들이라 오늘 내가 너를 낳았다 하셨으며 … 히 1:5

복음서를 읽다보면 예수님이 세례받으실 때, 또 변화산상에서 하늘로부터 "이는 내 사랑하는 아들이요 내 기뻐하는 자라"(마 3:17 ; 벧후 1:17)라는 하나님의 음성이 들렸습니다. 그러면 예수 그리스도께서 이 세상에 오신 지 2천 년이 지났지만 여전히 하나님을 부인하고 대적하는 이들이 많은 것은 무슨 까닭입니까? 지금쯤이면 하나님을 다 믿어야 되는 것 아닙니까? 그런데 아직도 하나님을 믿지 않는 사람들이 훨씬 더 많습니다. 무엇이 문제입니까?

하나님은 하나님이 하실 일을 이미 다 하셨습니다. 이제 예수님을 믿는 성도들이 할 일이 있는 것입니다. 하나님께서 다윗을 열방에 세우신 것처럼 하나님은 이 세상에 예수님을 주(主)로 영접한 성도들을 세우셨습니다. 예수님은 이미 우리 안에 오셨습니다. 그러므로 우리가 이 세상에서 하나님의 산 증인입니다. 그러니 세상은 우리를 통해 하나님을 알게 되는 것입니다. 그 일이 이미 우리 가운데 이루어졌습니다. 그렇다면 예수 믿는 사람들이 이렇게 많은데 왜 세상은 여전히 하나님을 알지 못하는 것일까요?

시편 2편을 묵상하며 저는 이 말씀에 사로잡혔습니다. 이 말씀이 제 머리에서 떠나지 않았습니다. 정말 황홀한 경험이었습니다.

그의 아들에게 입 맞추라 … 시 2:12

우리나라는 사람들과 입을 맞추는 문화가 아닙니다. 입맞춤은 사랑하는 연인 사이나 부모와 어린 자녀 사이에서나 허용되는 일입니다. 그러나 입을 맞춘다는 표현에 담긴 친밀함과 살아 있는 관계, 그 사랑만큼은 충분히 이해할 수 있습니다. 그의 아들에게 입 맞추라는 것은 예수님에게 입을 맞추라는 것입니다.

우리가 예수님을 믿어도 예수님과 인격적인 관계없이 예수님을 믿을 수 있습니다. 예수님께 입을 맞춘다는 것이 무엇인지 전혀 와 닿지 않고, 그 정도로 그분을 알고, 사랑하고, 친밀히 교제하는 관계가 아닌 것입니다. 우리가 예수님을 이렇게 믿어서는 세상에 아무리 예수 믿는 사람이 많아도 하나님의 살아 계심을 나타낼 수가 없습니다.

OM선교회의 총재였던 조지 바워(George Verwer)가 미국 전역을 돌며 미국의 목회자들에게 질문을 했습니다. "당신은 예수님을 사랑하십니까?" 대부분 분명한 대답을 못했습니다. "나는 주님을 위해 일합니다. 나는 주님께 예배드립니다. 나는 주님께 헌신하였습니다. 그러나 예수님을 사랑하는지에 대하여는 생각해보지 못하였습니다." 조지 바워는 이것이 많은 목회자들이 영적으로 지치는 이유라고 했습니다. 우리가 예수님을 믿을 때 그저 '예수님이 나를 위해 죽으셨지! 그래서 내가 죄 사함을 받았지!' 하는 정도로 믿어서는 안 됩니다. 예수님과 입 맞추는 교제를 나눌 정도로 친밀한 관계를 갖고 동행하여야 합니다. 이렇게 예수님을 믿는 성도들을 통해서 이 세상에 하나님이 증거되는 것입니다.

이 세상에는 두 종류의 무신론자가 있습니다. 하나는 공개적으로 하나님을 무시하고 부정하는 자들로 자신이 무신론자임을 알고 있습니다. 다른 하나는 하나님을 믿는다고 하는데 삶에서 하나님을 믿는 증거가 없는 사람입니다. 실제로는 하나님을 믿지 않는 것입니다. 14년간 루마니아 공산 정부로부터 끔찍한 고문을 당했던 범브란트(Richard Wurmbrand) 목사는 "이 세상에는 두 종류의 그리스도인이 있다. 하나는 하나님을 믿는 사람과 또 하나는 자신이 하나님을 믿는다고 믿는 사람이다"라고 말했습니다.

그들이 하나님을 시인하나 행위로는 부인하니 가증한 자요 복종하지 아니하는 자요 모든 선한 일을 버리는 자니라 딛 1:16

안타깝게도 많은 그리스도인들이 바른 믿음으로 살지 못합니다.

… 내가 네 행위를 아노니 네가 살았다 하는 이름은 가졌으나 죽은 자로다 계 3:1

예수님을 믿는다고 하는 이들 중에 상당수가 실제로는 예수님을 믿지 않는 것처럼 삽니다. 이것은 심각한 문제입니다. 예수님께 입을 맞추는 것처럼 주님과 깊이 교제하며 예수님을 믿게 되면 우리의 삶이 다른 사람들의 눈에 하나님의 살아 계심을 증거합니다. 하나님의 영광이 나타나는 것입니다.

여러분, 예수님을 믿고 세상 두려움이 없어졌습니까? 세상 염려가 다 없어졌습니까? 우리의 믿음은 표정에서 알 수 있습니다. 믿는 사람에게는 믿는 사람의 표정이 나옵니다. 어떤 사람이 진짜 어렵고 힘든 시험을 몇 가지로 겹쳐 치르는데도 얼굴이 편안하고 오히려 기쁘면 '저 사람, 어디 믿는 데가 있나 봐' 이런 생각을 하지 않습니까? 여러분은 "어디 믿는 데가 있으신가 봐요?" 이런 말을 자주 듣습니까? 그렇다면 여러분의 표정이 좋아 보여서 그런 것입니다.

그렇습니다. 예수님과 입 맞추는 관계가 되어야 세상을 이기는 자가 됩니다. 그것이 바로 예수님과 살아 있는 교제를 나누는 것입니다. 주님이 정말 내 안에 계시고, 내가 주님을 사랑하고, 주님도 나를 사랑하는 관계 속에 사는 사람의 모습입니다. 세상 사람들이 아무리 하나님을 부정하려고 해도 그 사람을 보면 할 말이 없습니다. '하나님이 안 계신다면 어떻게 저렇게 살 수 있을까?' 하는 마음이 들기 때문입니다.

살아 있는 영적 예배

그러면 어떻게 예수님과 입을 맞추는 것처럼 친밀한 교제를 나눌 수 있을까요? 바로 영적인 예배를 드리는 것입니다. 성도라면 다 예배를 드립니다. 그런데 그냥 예배당에 앉아 설교를 듣기도 합니다. 그렇다고 누가 그 사람에게 예배를 안 드렸다고 하겠습니까? 그러나 예수님과 입을 맞추는 것 같은 시간을 보냈는지는 전혀 다른 문제입니다.

저는 예배에 관해 잊을 수 없는 경험을 한 적이 있습니다. 제가 군목훈련을 받을 때인데, 군목훈련이지만 처음 한 달은 사병훈련을 받습니다. 정말 힘들고 어려운 훈련으로 첫 주가 가장 힘이 듭니다. 그런데 그 첫 주 수요일에 훈련생은 저녁예배를 드릴 수 없다는 말을 들었습니다. 훈련 목적상 첫째 주는 모든 종교 행사에 참여할 수 없다고 했습니다. "아무리 목사라도 첫 주만큼은 수요예배에 못 갑니다." 수요일 아침에 그 통보를 받고 군종 장교 후보생인 목사들 속이 부글부글 끓었습니다. 우리가 그토록 수요예배를 좋아하는지 처음 알았습니다. 그날 수요예배를 못 간다고 하니 웃음을 잃었습니다. 하나님 앞에 너무 불충성한 것 같아 다들 심각했습니다.

무슨 일이 있어도, 어떤 대가를 치러서라도 수요예배는 드려야 했습니다. 거의 순교하는 심정으로 훈육관을 찾아가 "우리는 오늘 수요예배를 꼭 드려야 합니다"라고 말했습니다. 절대 안 된다고 했지만 또 찾아가 꼭 가야 한다고 설득했습니다. 결국 저녁에 타협을 해왔는데, 예배에 가도록 허락해주는 대신에 저녁에 쉬는 시간도 없고 씻을 시간도 없고 예배가 끝난 다음 곧바로 내부반으로 복귀해야 하며 그 후 해야 할 일도 많다고 했습니다. 그 정도면 수요예배 안 가겠다는 말이 나올 만한 조건을 내건 것입니다. 그래도 "시키는 대로 다 하겠다. 예배만 드리게 해달라"고 했습니다. 그래서 밥도 먹는 둥 마는 둥 하고 훈련 후 씻지도 못하고 옷이 땀에 절고 흙이 묻은 채로 예배당까지 달려갔습니다.

그렇게 군인교회 예배당에 들어가는데 그때부터 어찌나 눈물이 흐르는지 주체할 수가 없었습니다. 저뿐만 아니라 같이 갔던 목사님들이 다 펑펑 울었습니다. 모든 것이 다 감격입니다. 군인교회 예배당이 좋고 찬양이 은혜롭고 설교가 좋아서입니까? 아닙니다. 어설픈 군인교회에서 수요예배를 드리려고 밥도 제대로 못 먹고 뛰어가서 땀범벅으로 앉았는데, 그냥 그 자체가 감격이자 감사였습니다. 저는 그런 예배를 드려본 적이 없었습니다.

무엇이 다릅니까? 예배에 대한 열망이 달랐던 것입니다. 우리가 예배를 드려도 다 똑같은 예배를 드리는 것은 아닙니다. 똑같은 설교자에 똑같은 찬양대에 예배를 드려도 다릅니다. 어떤 사람은 예배 시간에 앉아 있다가 갈 뿐이지만, 어떤 사람은 예수님과 입맞춤을 한 것 같은 은혜를 받습니다. 주님을 사모하는 마음이 다르기 때문입니다. 자기 안에 주님이 거하시고 하나님이 '나의 예배'를 받으신다는 믿음이 있으면 예배가 달라집니다

입맞춤은 사랑과 감사를 뜻합니다. 창녀였던 마리아가 귀신에

서 놓임을 받고 바리새인 시몬의 집에 계시던 예수님께 눈물로 발을 적시고 머리카락으로 닦고 향유를 붓고 그 발에 입을 맞추었습니다. 예수님은 그것이 사랑이라고 말씀하셨습니다. 이것이 우리가 하나님께 드리는 예배입니다. 탕자가 아버지 집에 돌아왔을 때 아버지가 탕자의 냄새 나는 몸을 그대로 끌어안고 입을 맞췄습니다. 우리가 주님 앞에 이런 모습으로 와서 주님과 입을 맞추는 것입니다. 군인이 왕에게 예를 갖추려고 왕의 신발에 입을 맞추는 것이 예배입니다. 그저 앉아서 설교를 듣는 것이 예배가 아닌 것입니다. 예배 시간에 하나님께 찬송을 드리고 준비한 감사 예물을 드리며 할 수 있는 모든 것을 다하여 경외하는 마음을 하나님께 올려드리는 것입니다. 여러분이 이렇게 예배를 드리면 시편 2편 기자가 본 것을 보게 됩니다.

저는 어릴 때부터 수많은 예배를 드렸지만 이렇게 예배를 드리라고 배우지 못했습니다. 오직 예배 시간에 떠들지 말라는 말만 들었습니다. 예배 시간에 떠들지 않았으면 예배를 드린 것입니다. 제가 목회를 하면서도 진짜 예배를 몰랐을 때는 그저 설교를 통해 성도들에게 은혜를 끼치고 교회에 오게 하는 것이 목적이었습니다. 저에게는 그것이 일이었지 예수님에게 입을 맞추는 것이라고 말할 수 없었습니다. 그런데 어느 날 하나님께서 그렇게 드리는 예배에 문제가 있다는 것을 깨우쳐주셨습니다. 그때부터 저는 예배 시간에 하나님만 바라보게 되었습니다. 주님을 향하는 예배를 드리려고 마음을 다하고, 군목 시절에 경험했던 예배의 감격을 항상 떠올립니다. 예배 순서는 상관이 없습니다. 목사 설교가 어떻고 성가대 찬양이 어떤지는 아무 상관이 없습니다. 하나님께 드리는 예배 자체는 주님과 나와의 관계입니다.

이제부터 여러분의 기쁨을 예배드리는 것에 두어보기 바랍니다. 교회에 찬송하고 싶어서 가고, 헌금을 드리고 싶어서 가면 놀라운 일이 벌어집니다. 예배를 드리고 나올 때 모든 것이 달라집니다. 세상은 아주 작아지고 하나님은 그렇게 커 보일 수가 없습니다. 문제가 너무 크고 사람이 두렵고 여러 가지 시험 때문에 마음이 상했을지라도 예배를 제대로 드리고 나면 완전히 달라집니다.

'문제도 아닌 것을 가지고 고민했었네. 걱정 안 할 문제를 걱정했네. 사람을 왜 그렇게 두려워했을까?'

하나님과 하나님의 나라가 보이면 세상은 아무것도 아닙니다. 정말 그런 예배를 드려보십시오. 우리가 예수님을 이렇게 믿으면 세상에 하나님의 영광이 드러납니다. 하나님께서는 엄청난 일을 준비하고 계십니다. 하나님의 나라가 이 땅에 임하게 하시는 것입니다.

내게 구하라 내가 이방 나라를 네 유업으로 주리니 네 소유가 땅끝까지 이르리로다 시 2:8

그러나 구원받지 못한 자들에게는 마지막 심판의 날에 무서운 공포가 임할 것입니다.

네가 철장으로 그들을 깨뜨림이여 질그릇같이 부수리라 하시도다

시 2:9

그 아들에게 입을 맞추라 그렇지 아니하면 진노하심으로 너희가 길에
서 망하리니 그의 진노가 급하심이라 … 시 2:12

우리는 입으로만 "주여 주여" 하지 삶에서는 전혀 예수님을 알
지 못하는 사람이 되어서는 안 될 것입니다. 지금 예수님과 입 맞
출 수 있는 은혜의 시간을 절대로 소홀히 여기면 안 됩니다.

시편 2편의 결론입니다.

… 여호와께 피하는 모든 사람은 다 복이 있도다 시 2:12

3

죗값이
무거워 쓰러질 때
믿음이 우리를
일으킨다

우리에게 가장 고통스러운 일은 감추고 싶은 죄가 드러나고 그로 인해 죗값을 치를 때일 것입니다. 어떤 분이 간음한 일로 가정이 무너지고 사업이 망하고 자녀들의 마음이 갈가리 찢기는 것을 보며, 차라리 죽는 것이 낫겠다고 울먹이는 모습을 보았습니다. 숨은 죄가 드러나는 일은 정말 견딜 수 없이 무서운 것입니다.

죄 때문에 당하는 고통

시편 3편에서 다윗이 겪는 고통이 바로 이런 고통입니다. 다윗은 충성스러운 부하 우리아의 아내를 범하고 그로 인해 밧세바가 임신하게 되었을 때 그것을 감추기 위해 우리아를 전쟁터에서 죽게 만드는 아주 무서운 죄를 저질렀습니다. 다윗은 그 죄로 인해 하나님으로부터 징계를 당합니다. 원수도 아니고 적도 아닌 자신의 아들이 자기를 죽이고 왕이 되겠다고 반역을 일으킨 것입니다. 시편 3편은 아들 압살롬의 반역으로 피난을 가면서 쓴 탄원시입니다.

다윗은 사람들이 자신을 잡아먹을 듯이 공격해오는 것을 느꼈습니다.

그들은 전부 다윗의 신하였으며 다윗을 좋아하고 따르던 백성
들이었습니다. 그런 그들이 하루아침에 다윗을 치는 대적자로 바
뀌어버린 것입니다. 다윗도 처음에는 믿어지지 않았습니다. 그토
록 자기를 사랑하고 충성하던 백성과 신하들이 어떻게 검증도 안
되고 미성숙하고 그것도 반역을 일으킨 압살롬에게 몰려가고, 자
신을 향하여 적대적이고 모욕적인 태도로 바뀌었는지 이해할 수
없었습니다. 그러나 그들의 수는 눈덩이처럼 불어났습니다. 그때
다윗은 깨달았습니다. '이건 하나님이 하신 일이구나.' 하나님이
하시지 않았다면 설명할 수 없는 일이었습니다.

하나님께서 나단 선지자를 통하여 다윗에게 하신 두려운 예언
이 있었습니다.

그러한데 어찌하여 네가 여호와의 말씀을 업신여기고 나 보기에 악을
행하였느냐 네가 칼로 헷 사람 우리아를 치되 암몬 자손의 칼로 죽이고
그의 아내를 빼앗아 네 아내로 삼았도다 이제 네가 나를 업신여기고 헷
사람 우리아의 아내를 빼앗아 네 아내로 삼았은즉 칼이 네 집에서 영원
토록 떠나지 아니하리라 하셨고 여호와께서 또 이와 같이 이르시기를

그것이 지금 그의 눈앞에 그대로 이루어지고 있는 것입니다. 사람들은 이런 일을 당하는 다윗을 보고 하나님이 다윗을 버리셨다고 생각했습니다. 그래서 다들 마음이 급속히 압살롬에게로 기울어진 것입니다.

살다보면 억울한 일을 겪을 때가 있습니다. 하지 않은 말을 하고, 하지 않은 일도 했다고 하는 사람들을 만납니다. 그럴 때 너무 괴롭고 억울하겠지만, 정말 억울하면 괜찮습니다. 정말 잘못이 없으면 결국 다 밝혀집니다. 거짓을 말한 사람이 수치를 당하게 될 것입니다. 적어도 하나님이 아시면 된 것입니다. 그러므로 억울한 일은 얼마든지 견딜 만합니다. 진짜 괴로운 것은 실제로 자신이 잘못했을 때입니다. 그 잘못이 드러났을 때, 그때는 할 말도 없고 희망도 없습니다. 이것이 정말 무서운 일입니다. 다윗은 지금 그런 끔찍한 일을 당하고 있는 것입니다.

그런데 우리는 본문에서 다윗의 놀라운 고백을 보게 됩니다. 사람들이 수군수군하는 말을 들으면서도 다윗은 이렇게 고백합니다.

여호와여 주는 나의 방패시요 나의 영광이시요 나의 머리를 드시는 자이시니이다 시 3:3

다윗은 지금 하나님으로부터 매를 맞고 있습니다. 밧세바와 간음하고 우리아를 죽인 일로 하나님이 다윗을 치시는 것입니다. 그런데 어떻게 이런 고백이 나오나요? 다윗은 계속 고백합니다.

내가 나의 목소리로 여호와께 부르짖으니 그의 성산에서 응답하시는도다 (셀라) 시 3:4

다윗이 지금 이렇게 기도할 형편인가요? 7,8절에 가면 다윗이 뻔뻔해 보이기까지 합니다.

여호와여 일어나소서 나의 하나님이여 나를 구원하소서 주께서 나의 모든 원수의 뺨을 치시며 악인의 이를 꺾으셨나이다 구원은 여호와께 있사오니 주의 복을 주의 백성에게 내리소서 (셀라) 시 3:7,8

이런 고백을 하는 다윗을 보면 마치 자기 죄를 하나도 모르는 사람처럼 보입니다. 오히려 당당합니다. 저라면 이런 고백을 하지 못할 것 같습니다. 다윗의 이런 태도를 믿음이 좋다고 해야 합니까? 뻔뻔하다고 해야 합니까? 자신이 저지른 간음죄, 살인죄로 하나님의 징계를 받으면서 어떻게 "하나님은 내 편이시고 내 원수의 뺨을 치시며 이를 꺾으신다"라고 하는지, 이런 다윗을 보면서 거부감이 들고 분노가 일어나는 분도 있을 것입니다.

예수님께서는 분명히 용서와 사랑의 복음을 전하셨습니다. 백 마리의 양을 치는 목자가 아흔아홉 마리를 들에 두고 길 잃어버린 양을 찾아다니다가 잃은 양을 찾아 돌아오는 비유를 말씀하셨습니다. 아버지의 재산을 탕진하고 거지가 되어 돌아온 둘째 아들에게 아버지가 살진 송아지를 잡아준 이야기도 하셨고, 세리나 창녀들을 받아주시고 그들과 함께 식사하셨기 때문에 세리와 죄인의 친구라는 별명도 들으셨습니다. 이것은 죄인인 우리에게 정말 놀라운 복음이 아닐 수 없습니다.

그렇다고 하나님께서 결코 죄를 가볍게 여기지 않으십니다. 누구나 잘못했다고 하기만 하면 자동으로 죄를 용서해주시는 분도 아닙니다. 하나님께서 죄를 얼마나 미워하시고 죄 때문에 얼마나 분노하시는지, 십자가가 증거하고 있습니다. 십자가를 볼 때마다 하나님께서 우리의 죄로 인하여 얼마나 마음이 아프셨는지 명심해야 합니다. 결코 죄를 작게 여기면 안 됩니다. 작은 죄라는 것은 없습니다. 모든 죄가 하나님을 아프게 하고 우리의 삶에도 심각한 문제를 일으킵니다.

하나님께서 다윗을 다시 회복시키셨지만, 죄를 거저 용서하신 것이 아닙니다. 하나님께서 다윗에게 무서운 징계를 내리셨고 다윗은 철저히 회개했습니다. 다윗은 나단 선지자를 통해 주시는 하나님의 책망을 듣자마자 자신의 죄를 고백했습니다. 왕으로서 얼마나 수치스러웠겠습니까? 그러나 그는 그 부끄러움을 당했습니다.

시편 51편은 다윗이 자기 입으로 자기가 얼마나 죄인이었는지를 고백한 공개자백입니다.

> 우슬초로 나를 정결하게 하소서 내가 정하리이다 나의 죄를 씻어주소서 내가 눈보다 희리이다 ⋯ 주의 얼굴을 내 죄에서 돌이키시고 내 모든 죄악을 지워주소서 하나님이여 내 속에 정한 마음을 창조하시고 내 안에 정직한 영을 새롭게 하소서 나를 주 앞에서 쫓아내지 마시며 주의 성령을 내게서 거두지 마소서 ⋯ 하나님이여 나의 구원의 하나님이여 피 흘린 죄에서 나를 건지소서 ⋯ 시 51:7-14

다윗은 철저하게 자기가 어떤 죄를 지었는지 고백하고 또 고백합니다. 성경에 영원히 기록된 이 고백을 모든 사람들이 다 듣고 읽습니다. 다윗에게 이보다 더 무서운 일이 있겠습니까? 여러분, 죄지으면 이처럼 사람들 앞에 고백해야 할 때가 온다는 각오를 해야 합니다. 다 드러나고 전부 알게 되는 때가 온다는 것을 각오해야 합니다. 다윗은 철저히 그렇게 했습니다. 하나님께만 조용히 회개한 것이 아닙니다. 다윗은 정말 모든 사람들 앞에, 만천하에, 역사 앞에 자기가 그런 죄를 지었다고 낱낱이 공개했습니다.

다윗은 반역한 압살롬에게 분노하거나 그를 저주하거나 그와 싸우지 않았습니다. 다윗은 입을 딱 다물었습니다. 머리를 가리고 맨발로 울면서 예루살렘 성을 빠져나왔습니다. 왜 그랬을까요? 아버지로서 차마 아들과 싸울 수 없어서 그랬을까요? 아닙니다. 자기 죄 때문이라는 것을 너무 잘 알았기 때문입니다.

피난길에 시므이가 다윗을 따라오며 계속해서 저주를 퍼붓자 신하들이 그를 죽이겠다고 했을 때 다윗이 이를 막았습니다. 시므이가 욕하도록 내버려두라는 것입니다.

… 그가 저주하는 것은 여호와께서 그에게 다윗을 저주하라 하심이니 네가 어찌 그리하였느냐 할 자가 누구겠느냐 … 여호와께서 그에게 명령하신 것이니 그가 저주하게 버려두라 혹시 여호와께서 나의 원통함을 감찰하시리니 오늘 그 저주 때문에 여호와께서 선으로 내게 갚아주시리라 하고 삼하 16:10-12

또 제사장 사독이 하나님의 궤를 가지고 나오자 하나님의 궤를 다시 성 안으로 옮기도록 하였습니다. 다윗은 자신이 왕임을 인정받으려고 법궤를 끌고 다니지 않았습니다. 하나님께서 자신을 왕으로 인정하시면 다시 돌아와 이 궤를 보게 하실 것이라고 하며 하나님의 처분하심에 맡겼습니다.

시편 3편을 읽어보면 하나님께서 다윗을 용서하시고 다시 세우신 이유가 피눈물 나는 회개 때문만이 아니라는 것을 알게 됩니다. 다윗은 그 무서운 징계 속에서도 하나님의 사랑에 대한 믿음을 붙잡고 있었습니다. 징계는 징계대로 무섭게 당합니다. 매를 맞아도 이렇게 맞을 수 있나 싶을 만큼 매를 맞습니다. 그래도 다윗의 마음에 하나님은 여전히 나를 사랑하시고, 나의 구원이시고, 이미 나를 용서하셨고, 나의 기도를 들으시고, 여전히 나와 함께 계신다는 믿음이 조금도 흔들리지 않았다는 말입니다.

시편 3편을 읽으며 다윗의 이 고백, 이 믿음에 대해서 아직도 거부감이 들고 이해가 잘 안 되는 분들이 있을 것입니다. 그러나 분명한 것은 회개는 회개이고 믿음은 믿음입니다. 회개한다고 믿음을 잃어버리는 사람이 많은데 그것은 마귀의 정죄에 빠지는 것입니다. 회개는 분명한 것 같은데 완전히 낙심이 되어 '나는 끝났어', '나는 소망이 없어', '하나님도 나를 버리신 것 같아', '사람들이 다 나를 손가락질하잖아' 한다면 그것은 믿음이 아닙니다. 회개가 아무리 철저해도 믿음이 없으면 하나님께서 결코 우리를 회복시키시지 못합니다. '하나님도 나를 버리셨을 거야', '나는 가진 것도 없고 나이도 많아', '내가 뭘 제대로 할 수 있겠어?' 이 역시 믿음인 것을 아십니까? 이 믿음에 하나님이 어떻게 역사하시겠습니까? 다시 일으키시려고 해도 이런 믿음이면 하나님도 아무것도 못하십니다.

하나님의 심정을 잘 헤아려보시기 바랍니다. 하나님의 마음은 아버지의 마음입니다. 아버지의 마음을 아십니까? 아들딸이 잘못했을 때 징계를 합니다. 잘되라고 하는 것입니다. 회개하라고 매를 들 때도 있습니다. 그런데 아버지가 매를 들고 징계할 때 그만 마음이 상하고 속에서 분이 나서 성공하고 돌아오겠다는 메모를 남기고 가출해버린다면 잘하는 것일까요? 그것은 아버지의 마음을 몰라도 너무 모르는 것입니다.

아버지에게 매를 맞아도 '아, 아버지가 나를 사랑하시니 이러시는구나. 나에 대한 기대가 있으시구나', "징계가 큰 사랑임을 믿습니다. 아버지, 사랑합니다. 감사합니다" 하고 아버지의 품에 안기는 자녀가 복됩니다. 그럴 때 비로소 죄에서 벗어나고 일어서게 되는 것입니다. 그런 자녀에게 아버지가 더 이상 무슨 죄를 묻겠습니까? 싸매고 고치고 정말 주고 싶은 것, 더 좋은 것을 주어 기쁘게 해주고 싶은 것이 아버지의 마음입니다.

여러분의 삶 속에 하나님의 징계가 있다고 느끼십니까? 그러면 철저히 회개해야 합니다. 회개 없이 회복이 없습니다. 그러나 하나님이 나를 축복하시고 내 아버지가 되신다는 믿음마저 흔들려서는 안 됩니다. 하나님을 믿되 느낌이나 감정에 의존하면 안 됩니다 "예수님이 내 안에 계신가? 잘 모르겠습니다", "주님의 음성을 들으라? 혼란스럽기만 합니다". "나는 죽었다? 말이 안 됩니다" "원수도 사랑하라? 불가능합니다." 느낌이나 감정에 의존하는 신앙은 이렇게 나약하고 위험합니다. 하루에도 열두 번씩 뒤집어집니다. 이런 믿음으로는 하나님께서 역사하실 수 없습니다.

우리의 신앙은 진리 위에 서야 합니다. 환경과 느낌은 수없이 변해도 진리는 변함이 없습니다. "하나님은 나를 사랑하셔서 독생자를 주셨고, 예수님은 나를 위해 죽으시고 나의 옛사람도 같이 죽었고, 예수님은 내 안에 계시고 예수님은 내 생명이시고, 하나님은 선하시고 나를 향한 놀라운 계획을 가지고 계십니다." 이것이 영원한 진리입니다. 주 예수님의 십자가가 증거입니다.

천만인이 나를 에워싸 진 친다 하여도 나는 두려워하지 아니하리이다

시 3:6

세상이 다 뒤집어질 것 같은 상황에, 천만인이 나에게 손가락질하는 상황이 와도 "예수님이 나의 생명이시고, 예수님은 나를 위해 죽으셨고, 예수님은 나와 동행하십니다." 이 진리 위에 서서 고백할 때 우리 마음이 새로워집니다. 이 믿음이 있어야 하나님께서 역사하실 수 있습니다. 하나님께서 다윗을 어떻게 다시 일으킬 수 있었습니까? 첫째는 철저한 회개입니다. 그리고 둘째는 놀라운 믿음입니다. 징계를 당하는 그 자리에서도 다윗은 하나님의 사랑을 절대 놓치지 않았습니다. 우리가 살길은 철저한 회개와 하나님의 사랑을 확신하는 것입니다.

우리는 시편 3편의 결국을 다 압니다. 압살롬의 반란은 진압되고 다윗은 다시 왕궁으로 돌아옵니다. 결국 다윗의 믿음대로 되었습니다. 하나님께서 그의 머리를 들어주셨고 그의 영광을 회복시켜 주셨습니다. 다윗은 밧세바와 간음하고 우리아까지 죽이는 죄를 지었지만 '다윗의 자손 예수 그리스도'라는 이름을 받았습니다. 이것은 엄청난 복입니다. 다윗이 그런 사람이 된 것은 그가 철저히 회개했고 복 주시는 하나님을 굳게 믿었기 때문입니다.

많은 성도들이 하나님을 믿는다고 하면서도 자신에 대한 깊은 좌절감, 죄책감, 열등감에 빠져 있습니다. 하나님께서 자신을 향해 놀라운 계획을 가지고 계신 것을 믿지 못합니다. 소망이 없고 마음에 좌절이 오고 자신이 무엇을 할 수 있겠냐고 낙담하는데 이것이 무서운 것입니다. 하나님께서 사랑받을 조건을 따져가며 우리를 사랑하신다면 우리 중에 아무도 소망이 없습니다. 하나님께서 우리를 사랑하시는 것은 우리를 무조건 사랑하기로 결단하셨기 때문입니다. 십자가가 그 증거입니다.

예수님을 보면 하나님께서 나를 무조건 사랑하기로 결단하셨다는 것을 알 수 있습니다. 그래서 허물이 많고 죄투성이이지만 우리를 사랑하시고, 우리를 향하여 여전히 은혜로우시며 용서하시는 것입니다. 하나님께서 어떤 사람을 사랑하신다면 우리도 그를 사랑해야 하는 것처럼, 하나님께서 나를 사랑하심이 분명하다면 나도 나 자신을 사랑해야 믿음입니다. 하나님은 나를 사랑하시는데 내가 하나님의 그 사랑을 안 믿으면, 하나님의 사랑이 아무리 완벽해도 내게 역사하실 수가 없습니다. 우리도 우리를 사랑해야 하나님의 역사가 나타나기 시작합니다. 하나님은 우리가 그 믿음을 갖기 원하십니다.

한번은 21일 특별새벽기도회 기간에 도무지 교인들을 다 안수 기도할 수 없어서 "여러분, 여러분 자신을 축복하십시오. 이번 21일 동안에는 하루에 한 가지씩 자신을 축복하는 기도를 하십시오"라고 했을 때 교우들 가운데 얼마나 놀라운 은혜가 있었는지 모릅니다. 엄청난 감격과 확신을 경험했다는 간증을 들었습니다. 심리학자들의 말을 들어보니 21일 정도면 사람의 마음이 바뀐다고 합니다. '나는 불행하다'는 마음을 가진 사람이 '나는 복되다'라는 마음을 가지려면 21일 동안만이라도 "나는 하나님이 사랑하는 자, 하나님이 축복하는 자야. 하나님은 나를 위해 독생자를 내어주고, 나를 떠나지 않고, 나를 위해 놀라운 계획을 가지고 계셔!" 계속해서 시인하고 고백하고, 하나님의 사랑을 그 마음에 품고 말하고 행동하면 믿음이 바뀐다는 것입니다. 믿음이 바뀌면 모든 것이 달라집니다.

우리는 예수를 믿고 이미 하나님께서 복을 주신 사람이 되었습니다. 문제는 우리의 병든 믿음입니다. 우리의 허물과 죄악 때문에 징계를 당하고 넘어지다보면 하나님의 자녀라는 것은 말뿐이고, 실제 믿음은 좌절, 절망, 낙심입니다. 다윗이야말로 그럴 수밖에 없는 처지였습니다. 그러나 다윗은 놀라운 사람이었습니다. 그는 모든 사람이 '이제는 하나님께서도 다윗을 버리셨구나' 할 정도의 징계를 받는 중에도 하나님이 자신을 사랑하신다는 믿음, 자신은 이미 용서받았다는 믿음, 하나님께서 자신을 구원하신다는 놀라운 믿음을 가지고 있었고, 그렇기 때문에 하나님이 그를 사용하신 것입니다.

회개와 믿음으로 일어나라!

저에게는 기도 많이 하시는 양어머니가 계십니다. 미국을 방문해서 찾아뵈었을 때 함께 아침 산책을 하며 당신이 평생에 깨달은 신앙의 교훈을 저에게 말씀해주신 적이 있었습니다. "어떤 어려움이 오더라도 마음에 묻어둔 죄를 다 털어놓고 회개한 다음 하나님의 사랑과 축복하심을 믿고 전심으로 기도하면 해결해주시지 않은 문제가 없었다." 그 말씀을 잊을 수가 없습니다. 늘 귀한 교훈이 됩니다. 여러분, 하나님께서 여러분을 향한 계획이 크고 놀라운데, 그것을 이루기 위해서 반드시 필요한 것이 철저한 회개와 하나님께서 이미 복을 주셨다는 확실한 믿음입니다. 이 두 가지면 해결되지 않을 문제가 없습니다.

다윗은 밧세바와 간음하고 우리아를 죽였고, 베드로는 예수님을 세 번이나 부인하고 저주하기까지 했으며, 사도 바울은 스데반 집사를 죽였습니다. 자신이 저지른 죄를 생각하면 평생 숨어서 지낼 만한 그런 사람들입니다. 그런데 그들이 어떻게 위대한 하나님의 종이 되었나요? 그들은 철저히 회개하여 하나님의 용서를 얻고, 여전히 변함없는 하나님의 사랑과 축복을 믿고, 하나님의 놀라운 계획을 확신하며 위대한 삶을 살았습니다.

우리가 낙심하고 좌절한다면 하나님께서 아무것도 하실 수 없습니다. 다윗은 무서운 징계 중에도 울면서 하나님께 기도했고, 울면서 하나님을 찬송했으며, 울면서도 하나님의 은혜를 믿었습니다. 모든 사람이 자신을 손가락질하여도 다윗과 같이 "천만인이 나를 에워싸 진 친다 하여도 나는 두려워하지 아니하리이다"(시 3:6)라고 고백하고 기도하면 하나님의 역사가 일어납니다. 예수님의 십자가에 '나는 죽고 예수로 사는' 이 엄청난 복음이 있습니다. 일어나시기를 축복합니다. 하나님의 사랑과 구원, 여러분을 향한 하나님의 복을 정말 믿으시기 바랍니다. 하나님께서 회개하도록 하시는 것이 있다면 분명히 고백하십시오. 그러나 언제나 변함없는 하나님의 사랑과 은혜를 담대히 고백하시기를 축복합니다.

4

| 시편 4편 1-8절 |

나는 정말
변화되었나?

2010년을 앞두고 기도할 때, 주님께서 그 해는 놀라운 해가 될 것이라는 강한 마음을 주셨습니다. 그런데 연말쯤 되었을 때 하나님께서 한 해 동안 어떤 놀라운 일을 행하여주셨는지 돌아보았을 때 깨달아지는 것이 없어서 좀 실망이 되었습니다. 물론 하나님의 은혜가 없었다는 말은 아닙니다. 그러나 정말 놀라운 일이라고 고백할 만한 일은 없다고 생각되었습니다. 그 즈음 몇 분이 저를 찾아오셨는데, 가족 중 한 사람이 이 교회에 나오면서 크게 변화된 것이 너무 감사해서 찾아오셨다는 것입니다. 그 분들을 만나 이야기를 나누면서 순간 하나님께서 그 해에 어떤 놀라운 일을 행하셨는지 깨달을 수 있었습니다. 그것은 저의 변화였습니다.

많은 이들이 사람은 변하지 않는다고 말합니다. 예수를 믿어도 다 자기 성질대로 믿는 거지 사람은 좀처럼 변하지 않는다고 합니다. 저 역시 아무리 복음이 놀라워도 사람은 변화되지 않는다는 좌절감을 가지고 있었습니다. 그런 경우를 너무 많이 보았기 때문입니다. 그런데 2010년, 하나님께서 제게 사람이 완전히 변화될 수 있다는 확신, 사람은 변할 수밖에 없게 되어 있다는 분명한 믿음을 주셨습니다. 그것은 다른 사람이 변하는 것을 보고 믿게 된 것이 아니라 저 자신에게 일어난 변화였습니다. 2010년은 저에게 잊을 수 없는 해가 되었습니다.

"너 정말 변했느냐?"

시편 기자는 4편 1절에서 "내 의의 하나님이여"라고 하나님을 부르며 자신의 기도에 응답해달라고 탄원합니다. 그런데 '내 의의 하나님이여'라는 이 표현이 매우 중요한 표현입니다. 그것은 자신이 의로운 사람이라는 것입니다.

여호와께서 자기를 위하여 경건한 자를 택하신 줄 너희가 알지어다 내가 그를 부를 때에 여호와께서 들으시리로다 시 4:3

이 또한 자신이 경건한 사람이라는 것입니다. 하나님은 경건한 사람을 택하시는데, 자신이 부르면 하나님이 응답해주신다는 것입니다. 저는 자신에 대해서 이런 식으로 말하는 사람을 만나면 거부감이 들곤 했습니다. 사람이 아무리 훌륭해도 어떻게 자신이 자기에 대하여 그렇게 말할 수 있습니까? 누가 감히 자신이 경건하다, 의롭다고 말할 수 있겠습니까? 그런데 6절을 보니 사람들이 저처럼 말한다고 했습니다.

여러 사람의 말이 우리에게 선을 보일 자 누구뇨 하오니 여호와여 주의
얼굴을 들어 우리에게 비추소서 시 4:6

"사람이 의롭고 선하면 얼마나 의롭고 선하겠어? 그 속마음을
들춰보면 다 더럽고 흠이 많지. 선한 사람이 어디 있어? 의로운 사
람이 어디 있어?" 이렇게 말한다는 것입니다. 그런데 시편 기자는
"하나님, 사람들이 다 그렇게 말할 때, 주의 얼굴을 우리에게 비춰
주십시오"라고 합니다. "그런 사람이 여기 있다"고 말씀해달라는
것입니다. 아니 어떻게 이렇게 표현할 수 있을까요? 여러분은 예
수를 믿었으니 정말 선해지고 정말 의로워지고 정말 경건한 사람
이 되었다고 자신 있게 말할 수 있습니까? 하나님은 우리에게 이
말씀으로 도전하십니다. "너는 예수를 믿고 정말 의로워졌느냐?
선해졌느냐? 너는 성말 거듭났느냐? 너 정말 변했느냐?"라고 물으
시는 것입니다. 하나님께서는 우리가 어떤 대답을 하기 원하실까
요? 믿어지지 않을지 모르지만 하나님은 우리가 "정말 그렇습니
다. 제가 변했습니다" 이렇게 고백하기를 원하십니다.

하나님이 하신 일 vs 우리의 현실

때때로 전쟁이 일어날 것 같은 위기감이 느껴질 때가 있습니다. 그
런 때가 되면 어느 때보다 더 나라를 위해 기도하게 됩니다. 그런
데 기도하다보면 하나님께서 전쟁은 두려워하지 말라는 마음을 주

십니다. 전쟁을 두려워할 것이 아니라 속히 죄를 회개하고 돌이켜야 한다는 것입니다. 소돔과 고모라가 멸망한 것은 그 죄가 컸기 때문이기도 했지만, 성경을 자세히 읽어보면 의인 열 명이 없었기 때문임을 알게 됩니다. 하나님께서는 그 성에 의인 열 명만 있어도 멸망시키지 않을 것이라고 말씀하셨습니다.

우리도 마찬가지입니다. 우리만이라도 예수님 안에서 정말 거듭난 삶을 산다면 하나님은 우리 때문이라도 이 땅을 지켜주실 것입니다. 그것이 하나님의 계획입니다. 그러니까 지금 필요한 것은 교회와 성도들이 거룩해지는 것입니다. 하나님은 우리가 그렇지 못한 것을 회개해야 한다고 계속해서 깨우쳐주십니다. 지금 우리의 큰 문제는 예수님을 믿고도 온전히 변화된 삶을 살고 있지 못하다는 것입니다. 이것은 너무나 중요하고 심각한 일입니다. 지금 우리나라와 사회는 점점 더 죄와 악이 심각해지고 있습니다. 시편 기자도 사방이 죄를 좋아하고 거짓을 말하는 사람들로 둘러싸여 있다고 고백합니다.

인생들아 어느 때까지 나의 영광을 바꾸어 욕되게 하며 헛된 일을 좋아하고 거짓을 구하려는가 (셀라) 시 4:2

우리나라는 세계가 주목하고 있는 나라입니다. 우리나라를 보며 기적이라고 말합니다. 그럴 만한 것이 우리나라는 2차대전 이후 세계에서 두 번째로 가난한 나라, 원조가 없이는 도무지 살 수 없는 나라였는데 지금은 다른 나라에 원조를 주는 나라로 바뀌었습니다. 눈부신 경제 성장과 더불어 북한과 대치하고 있는 상황에서 정치적 민주화를 이루어냈습니다. 이것도 기적이라고 말합니다.

우리는 이것이 하나님이 하신 일이라는 것을 압니다. 우리는 정말 그렇게 믿습니다. 우리나라가 경제적으로 정치적으로 기적과 같은 번영을 이룬 배경에는 세계 선교 역사상 유래를 찾아볼 수 없는 기독교의 부흥이 있었습니다. 짧게 보면 이것은 공산주의를 막기 위한 하나님의 섭리이기도 하고, 선교 완성을 위해 하나님께서 우리나라를 택하신 것이기도 합니다. 우리나라는 125년 전 처음 복음을 받아들인 나라입니다. 그런데 이제는 세계 2위의 선교 국가가 되었습니다. 그러면 이 둘 사이에 정말 아무 연관 관계가 없을까요? 그저 우연의 일치일까요?

그런데 그런 관점에서 보았을 때 우리에게 심각한 문제도 함께 있다는 사실도 알아야 합니다. 우리나라는 정치 경제적으로 세계가 놀랄 만한 기적을 이루었지만, 다른 한편으로 음란 사이트 접속률 세계 1위, 청소년 음주 흡연율 세계 1위, 이혼율 세계 1위, 자살률 세계 1위, 낙태율, 교통사고 발생률, 성형 수술률도 세계 1위입니다. 육신의 정욕, 안목의 정욕, 이생의 자랑, 무거운 짐과 얽매이기 쉬운 죄 가운데 심각하게 빠져 있습니다. 이것이 지금 우리의 현실입니다. 하나님께서 우리 민족을 마지막 때 세계 선교를 위해 쓰시려고 지금껏 복을 주시고 부흥시키셨는데, 이대로는 하나님께서 복음을 증거하는 나라로 우리를 쓰실 수가 없습니다.

더 심각한 문제는 예수 안 믿는 사람들만 이런 문제에 빠져 있는 것이 아니라는 것입니다. 그리스도인인 우리 자신을 솔직히 들여다보아야 합니다. 세상은 사람들끼리 모이면 싸웁니다. 그러면 예수 믿는 우리는 더 이상 싸우지 않습니까? 세상 모든 죄의 뿌리가 욕심에서부터 나옵니다. 그러면 예수 믿는 우리는 욕심이 없습니까? 세상은 정말 거짓이 만연되어 있습니다. 믿을 사람이 없습니다. 그러면 예수 믿는 우리에게는 더 이상 거짓이 없습니까? 세상의 음란이 도를 넘어 정말 심각합니다. 그러면 예수 믿는 그리스도인들은 더 이상 음란한 것을 은밀히 즐기지 않습니까? 우리의 문제는 이런 질문들 앞에서 자신 있게 대답할 수 없다는 것입니다.

삶이 변화되는 복음

여러분, 이제 하나님께서 왜 전쟁을 두려워할 것이 아니라 우리 속에 해결되지 않은 은밀한 죄 문제를 해결하라고 하시는지 아시겠습니까? 이 정도 사인(sign)이 오면 깨달아야 합니다. 이전까지 안일에 취하고 영적 긴장이 풀어져서 은근슬쩍 세상을 즐겼다면, 이제 끊을 거 끊고 버릴 거 버리고 은밀히 행하던 것을 다 청산하고 하나님이 기뻐하시는 뜻대로 온전히 서야 합니다.

그런데 여전히 변함이 없습니까? 나라가 위기 상황이 되었는데도 여전히 죄를 청산하지 못하고 있다면 하나님께서 어떻게 하셔야 하겠습니까? 물론 하나님께 간단한 방법이 있습니다. 좀 더 강하게 역사하시면 됩니다. 집 앞마당에 포탄이 떨어지고 사람들이 죽어 나가고 양식을 구하기 어려워서 울며불며 다니게 되면 은밀한 죄는 다 끊어집니다. 전쟁이 아니라 의사에게 암이라는 말 한마디만 들어도 세상 재미에 유혹이 되지 않습니다. 눈물로 회개하고 죄짓던 삶에서 떠날 것입니다.

그러나 하나님은 결코 이런 방식으로 우리를 다루기를 원하지 않으십니다. 하나님은 이런 극한 상황이 아니더라도 얼마든지 삶이 변화되는 복음을 우리에게 주셨습니다. 복음은 삶을 변화시키게 되어 있습니다. 여러분은 어떤 복음을 듣고 예수님을 영접하셨습니까? 여러분이 알고 계시는 복음이 진정한 복음인지 아닌지 알고 싶다면 그 복음이 삶을 변화시켰는지 확인하시기 바랍니다. 세상만 좋아하던 이전 삶은 다 지나가버렸고, 이제는 하나님의 말씀을 즐거워하며 하나님이 기뻐하시는 삶을 사는 거룩한 사람이 되셨나요?

죄를 완전히 이기는 승리의 복음

복음에는 죄를 씻기만 하는 것이 아니라 죄를 완전히 이기는 놀라운 승리가 약속되어 있습니다.

모든 사람과 더불어 화평함과 거룩함을 따르라 이것이 없이는 아무도 주를 보지 못하리라 히 12:14

··· 너희로 죄를 범하지 않게 하려 함이라 ··· 요일 2:1

하나님께로부터 난 자는 다 범죄하지 아니하는 줄을 우리가 아노라 ···
요일 5:18

성경은 분명히 거듭난 그리스도인들은 죄를 짓지 않는다고 선언합니다. 예수 그리스도를 바로 믿는다면 다시는 죄를 범하지 않는 삶을 살게 된다는 것입니다. 물론 세상 사람들 중에는 이 말에 대하여 조롱하는 이들이 있을 것이고, 심지어 그리스도인들조차 이 말을 의심하고 비판하는 이들이 있습니다. 왜냐하면 우리의 삶이 현실과 맞지 않기 때문입니다. 그러나 예수를 믿으면 정말 죄를 짓지 않게 된다는 사실이 믿어지지 않는다면, 십자가 복음을 다시 한번 점검해보시기 바랍니다.

우리가 알거니와 우리의 옛 사람이 예수와 함께 십자가에 못 박힌 것은
죄의 몸이 죽어 다시는 우리가 죄에게 종 노릇 하지 아니하려 함이니
롬 6:6

예수님을 믿는 것은 죄의 몸이 예수님과 함께 죽는 것입니다. 정말 그렇다면 무슨 죄를 또 짓습니까. 죄의 몸은 예수님과 함께 이미 십자가에 못 박혔습니다. 그리고 예수님이 내 안에 오셔서 내 생명이 되시고 그 후부터는 예수님과 동행하며 사는 것입니다.

내가 그리스도와 함께 십자가에 못 박혔나니 그런즉 이제는 내가 사는 것이 아니요 오직 내 안에 그리스도께서 사시는 것이라 이제 내가 육체 가운데 사는 것은 나를 사랑하사 나를 위하여 자기 자신을 버리신 하나 님의 아들을 믿는 믿음 안에서 사는 것이라 갈 2:20

이것이 정확한 복음입니다. 이 복음을 믿는데 삶이 변하지 않는 것이 이상한 일 아니겠습니까? 이제 내가 사는 것이 아닙니다. 내 안에 예수님이 사시는 것입니다. 이제 내가 사는 것은 예수님을 믿는 믿음으로 사는 것입니다. 이처럼 예수님으로 사는데 죄를 지을 수 있습니까? 예수님으로 산다면 선한 사람이 되는 것은 당연한 일이 아니겠습니까?

… 하나님께로부터 나신 자가 그를 지키시매 악한 자가 그를 만지지도 못하느니라 요일 5:18

그렇습니다. 우리 안에 오신 예수님이 나를 죄짓는 데서 지켜주 시는 것입니다.

예수님을 모시고 살면 즉시 회개하게 된다

그러면 "예수님께서 왜 나는 죄에서 지켜주지 않으시나요?" 이렇 게 질문하실 분들이 있을 것입니다. "나도 예수님을 믿고 예수님이 내 안에 거하심을 믿는데, 예수님은 왜 나를 죄에서 지켜주지 않으십니까?"라고 질문하는 이들에게 대답을 드리려고 합니다. 예수님께서 우리를 지켜주지 않으시는 것이 아닙니다. 우리를 지켜주지 못하시는 것입니다. 왜 그렇습니까? 예수님이 자기 안에 거하심을 믿지 않기 때문입니다. 예수님이 지켜주시는 은혜를 누리려면 반드시 자기 안에 거하시는 예수님을 믿음으로 바라보아야 됩니다. 예수님이 자신과 함께 계신다는 것을 언제나 잊으면 안 됩니다.

많은 그리스도인들이 잠자리에 들기 전에 몸은 씻으면서도 죄를 회개하지 않고 잠자리에 듭니다. 몸을 씻는 것보다 더 중요한 것이 죄를 씻는 것임을 모르기 때문입니다. 요한 사도는 우리가 회개하면 죄에서 사함을 받고 불의에서 깨끗함을 얻게 된다고 했습니다.

만일 우리가 우리 죄를 자백하면 그는 미쁘시고 의로우사 우리 죄를 사하시며 우리를 모든 불의에서 깨끗하게 하실 것이요 요일 1:9

우리가 회개하면 이처럼 지은 죄에서 깨끗함을 받게 되는데, 왜 많은 성도들이 마음이나 말이나 행동으로 지은 죄를 회개하지 않은 채 하루가 지나고, 일주일이 지나고, 한 달이 지나고, 몇 년씩 지나는 것일까요? 예수님께서 함께 계심을 믿지 않기 때문입니다.

여러분, 어떤 사람과 함께 지내다가 내가 그에게 무언가 잘못을 했다면, 즉시 미안하다 잘못했다 용서해달라고 하지 않겠습니까? 그 사람이 항상 의식되기 때문입니다. 그러므로 예수님과 늘 함께 있음을 아는 사람은 잘못하면 즉시 예수님께 고백하게 될 것입니다. 그런데 회개 없이 살고 있다면 그것은 그가 예수님이 함께하심을 믿지 않고 있다는 증거입니다.

아침에 눈을 뜰 때부터 밤에 잠들 때까지 항상 예수님이 함께 계신 것을 의식하고 살면 하루에도 수없이 주님께 회개하는 시간을 갖게 될 것입니다. '주님, 제가 또 나쁜 마음을 품었습니다', '주님, 제가 오늘 말을 심하게 했네요', '주님, 제가 왜 이런 감정에 또 빠져 있는지 모르겠습니다', '주님, 제가 오늘도 말씀을 보지 않고 하루를 시작했네요', '주님, 제가 기도 시간을 충분히 갖지 못했습니다' 이처럼 하루 종일 주님께 너무나 죄송한 것이 많을 것입니다. 예수님을 모시고 살면 누구나 다 그렇게 됩니다.

24시간 주님을 바라보라!

주님은 이미 저에게 주님이 함께하신다는 믿음을 주셨습니다. 그렇지만 저는 주님과의 교제에 있어서 항상 부족함을 느끼고 있었습니다. 그런데 2010년, 주님은 저에게 "예수님을 바라보되 24시간 주님을 바라보라"고 하셨고, 저는 그것을 구체적으로 실천하게 되었습니다. 주님은 아침에 잠에서 깰 때부터 밤에 잠들 때까지 계속해서 예수님을 바라보라 하셨습니다. 프랭크 루박 선교사를 통해 저에게 주신 도전이 "너도 일기를 쓰라"는 것이었습니다. 주님은 이처럼 제가 항상 예수님을 바라보는 것을 점검하며 살기를 원하셨습니다.

사실 예수동행일기는 간단합니다. 하루 종일 주님을 얼마나 바라보고 살았는지를 기록하는 것입니다. 아침에 눈을 뜰 때 예수님을 부릅니다. 무슨 일을 하든지 언제나 주님을 생각합니다. 그것을 매일 기록해야 되기 때문에 항상 그 점을 먼저 생각합니다. 그렇게 1년을 살았습니다. 매일 예수님을 바라보는 것을 일기로 쓰고 24시간 예수님을 바라보면서, 저는 예수님을 바라본다는 것이 삶을 얼마나 바꾸는지 깨달았습니다.

물론 이전에도 성령의 체험과 강력한 회개와 극적인 결단의 시간이 여러 번 있었습니다. 그것이 얼마나 놀랍고 충격적이었는지 제 속에 있는 모든 죄를 주님 앞에 회개하고 이제는 완전히 변화된 삶을 살게 될 거라고 생각했습니다. 그렇지만 그 체험과 결단이 제 삶에 어느 정도 변화를 가져다주었지만 얼마 가지 않아 다시 이전으로 돌아가버렸습니다. 그래서 계속 더 뜨겁고 극적이고 강력한 체험이 필요하다고 생각했습니다.

그러나 그렇지 않았습니다. 예수님이 나와 함께 계신 것을 진짜 믿고 24시간 주님을 바라보는 것이 열쇠였습니다. 24시간 주님을 바라보는 일을 꾸준히 해나가는 동안 예수님이 나와 함께 계신 것이 분명히 믿어지게 되었고 그것이 제 모든 삶을 바꿨습니다. 솔직히 말하면 저 자신은 변한 것이 없는데, 예수님의 함께하심이 너무 분명히 믿어지는 것이 달라진 것입니다.

회개의 핵심

예수님께서 우리를 죄에서 지켜주지 못하시는 것은 우리가 바른 회개를 하지 못하기 때문입니다. 많은 성도들이 징계가 무서워서 회개를 합니다. 하나님의 징계 앞에서 회개하지 않을 사람은 없습니다. 그러나 징계가 무서워서 하는 회개에는 한계가 있습니다. 징계가 사라지면 다시 옛날로 돌아갑니다. 그것은 결코 우리를 근본적으로 변화시키지 못합니다.

어느 목사님이 아들의 거짓말을 고쳐보려고 매를 들었습니다. 또다시 거짓말을 하면 곱절로 맞을 거라고 위협하였습니다. 한 대 맞았던 매가 두 대가 되고, 네 대가 되고, 여덟 대가 되어도 거짓말이 고쳐지지 않아 어느 날 드디어 백 대를 때리게 되었는데 목사님이 매를 때리다가 그만 고꾸라지고 말았습니다. "하나님, 어떻게 해야 됩니까?" 그러자 하나님께서 이렇게 물으셨다고 합니다. "네가 네 아들에게 하듯이 내가 너에게 했다면 너는 견딜 수 있었겠느냐?" 매가 두려워서 회개한다면 그것은 진정한 회개가 아닙니다.

어떤 사람은 죄가 싫어서 회개합니다. 정말 죄를 싫어하고 죄짓지 않기 위해 애통해 합니다. 그러나 울고불고 회개하고 금식하고 철야하고 공개자백을 해도 평생 죄에 묶여 살며 더욱 좌절에 빠질 뿐, 죄에서 벗어나지 못하기도 합니다. 죄를 바라보고 하는 회개라면 우리를 죄에서 온전히 건져주지 못합니다. 예수님을 바라보면서 하는 회개만이 우리를 죄에서 건져냅니다.

올바른 회개란 예수님을 바라보면서 하는 회개입니다. 회개의 핵심은 예수님을 바라보는 데 있습니다. 요한일서 1장을 읽어보면 예수님과의 친밀한 사귐에 대해서 가르치는 것을 알 수 있습니다. 죄는 예수님과의 관계를 단절시킵니다. 그래서 마귀는 온갖 방법으로 우리가 죄를 짓도록 만들어서 예수님과 친밀한 교제를 경험하지 못하게 하는 것입니다. 그런데 하나님께서는 우리가 육신이기 때문에 죄를 지었을 때 즉시 우리를 건져주시는 방법을 주셨는데 그것이 회개입니다. 우리가 죄를 지어도 즉시 회개하면 모든 죄가 씻음을 받고 예수님과의 관계가 회복됩니다.

예수님을 계속 바라보는 눈이 뜨이고 나면 그다음에는 죄를 지을 수가 없습니다. 예수님을 계속 바라보고 주님이 함께 계신 것이 진짜 믿어지고 나면 마음의 생각으로도 죄를 지을 수가 없습니다. 이것이 지난 1년간 하나님이 저에게 경험하게 해주신 것입니다. 예수님을 바라보고 죄지을 수 있는 사람은 아무도 없습니다. 우리가 죄를 지었다면 주님을 바라보지 못하기 때문입니다.

회개는 우리가 주님을 계속 바라보게 만드는 것입니다. 어떤 분들은 24시간 예수님을 바라보는 것이 너무 고통스럽다고 합니다. 전에는 아무렇지도 않게 지낸 일들이 불편해지고, 어떻게 이렇게 계속 살 수 있는지 삶이 아무 재미도 없게 생각되어 고민스럽다는 것입니다. 저 역시 실제로 경험해보니까 아무것도 할 수 없을 것 같고 항상 예수님을 의식하며 산다는 것이 힘이 들었습니다. 그런데 그것은 내가 그동안 예수님을 믿어도 머리로만 믿었다는 것을 증명해줄 뿐입니다.

내 마음대로 못 사는 고통 그리고 기쁨

여러분, 어떤 사람과 함께 산다고 생각해보십시오. 그 사람과 함께 산다는 것은 이제는 자기 마음대로 못 산다는 의미입니다. 예수님과 함께 사는 것이 그와 같습니다. 우리가 진짜 예수님과 함께 사는 것, 그것이 예수님을 믿는 것입니다. 여러분 마음대로 못 살게 되는 것입니다. 여러분이 좋아하고 즐기던 것이라도 주님이 기뻐하지 않으시면 이제 더 이상 하지 못하는 것입니다. 우리의 말과 행동, 사람들과의 관계를 주님이 완전히 통제하시기 시작하면 처음에는 정말 힘들게 느껴집니다. 그러나 우리가 예수님과 동행하는 기쁨을 경험하게 되면, 완전히 뒤바뀐다는 것을 아십니까? 그때 비로소 예수님이 내 안에 계시고 24시간 우리와 함께 사시는 삶을 시작한 것입니다.

A. W. 토저 목사님은 초대 교회 때 교회에서 성령님이 떠나시면 90퍼센트가 마비될 것이라고 했습니다. 그러나 현대 교회에서는 교회에서 성령님이 떠나셔도 10퍼센트 정도만 차질이 생길 것이라고 말했습니다. 우리는 예수님을 영접했다고 하면서도 우리 마음대로 살았고, 교회 사역 역시 실제로 우리끼리 의논하며 하고

있었던 것입니다. 이런 경우에는 예수님이 계셔도 모르고 떠나셔도 모릅니다. 신대원 제자훈련 때 등록한 한 전도사에게, 왜 제자훈련을 받으려 하느냐고 질문했습니다. 그의 대답이 제 마음을 움직였습니다. 예수님과의 사랑을 회복하고 싶어서 왔다는 것입니다. 신학교에 들어갈 때에는 예수님 없이는 살 수 없었다고 합니다. 그런데 지금은 예수님 없이도 얼마든지 잘 사는 자신을 발견하고 놀랐다는 것입니다. 예수님을 정말 바라보며 산다면 결코 이렇게는 살 수 없습니다.

사실 우리가 워낙 세상과 죄에 찌들어 있어서 그런 삶이 주는 순간적인 기쁨을 끊는 것이 처음에 힘들게 여겨지는 것입니다. 마치 잘못된 식습관을 가진 사람이 건강한 식습관으로 바꾸려고 할 때 처음에 어려움을 겪는 것과 같습니다. 그러나 예수님과 동행하는 것은 불편하고 부담스럽기만 한 것이 아닙니다. 만약 평생 힘들고 어렵고 부담이 된다면 그렇게 살 수는 없을 것입니다. 처음에는 재미도 없고 부담스럽기만 하더라도 곧 진정한 기쁨을 맛보게 됩니다.

주께서 내 마음에 두신 기쁨은 그들의 곡식과 새 포도주가 풍성할 때보다 더하니이다 내가 평안히 눕고 자기도 하리니 나를 안전히 살게 하시는 이는 오직 여호와이시니이다 시 4:7,8

예수님과 동행하는 기쁨을 맛보고 나면 다시 옛 생활로 돌아갈 수 없게 됩니다. 옛 생활이 끔찍하게 여겨집니다. 예수님과 함께 사는 기쁨은 곡식과 포도주가 많은 것과 비교가 되지 않습니다. 예수님과 동행하는 기쁨을 모르니까 세상에서 기쁨을 얻으려고 했던 것입니다.

떨라! 다시는 죄짓지 말라!

저는 평생 담배를 피워본 적이 없습니다. 그래서 지금도 담배를 피우지 못해서 괴롭지가 않습니다. 아무런 고통이 없습니다. 오히려 누군가 억지로 담배를 피우도록 한다면 그것이 저에게 곤욕일 것입니다. 그러나 늘 담배를 피우던 사람은 담배를 피우지 않으려고 할 때 괴롭고 불안하고 고통스러울 것입니다. 왜냐하면 담배 피우는 생활에 몸이 절어 있기 때문입니다. 그때 어떻게 해야 합니까? 담배를 끊으십시오. 지금 당장은 괴롭지만 그 시간이 지나고 나면 너무나 좋아질 것입니다. 처음에는 고통스럽게 억지로 버려야 했던 세상 유익과 재미도 예수님과 동행하는 기쁨이 오면 모두 배설물처럼 버리게 됩니다(빌 3:7-9). 예수님을 더 알고 싶고 언제나 예수님 안에서 발견되고 싶어지기 때문입니다.

너희는 떨며 범죄하지 말지어다 자리에 누워 심중에 말하고 잠잠할지어다 (셀라) 의의 제사를 드리고 여호와를 의지할지어다 시 4:4,5

여러분, 하나님께서 우리에게 주시는 말씀을 심각하게 받으시기 바랍니다. 매번 지난 삶을 후회하고 새롭게 결심하지만 다시 옛날로 돌아가는 삶을 언제까지 살겠습니까? 정리해야 할 삶을 정리하고 끊어버릴 것을 끊고 이제 진짜 하나님이 기뻐하시는 뜻대로 바로 살지 못한다면, 끝까지 이대로 살다가 지금 이 모습 그대로 주님 앞에 서게 됩니다. 심판 날까지 이대로 간다고 생각해보십시오. '앞으로 언젠가 변화될 날이 오겠지!' 없다고 생각해야 합니다. 그래야 해결됩니다. 정말 두려운 일입니다.

하지만 안 된다고 좌절하지도 말아야 합니다. 십자가 복음은 우리를 변화시킬 능력이 있습니다. 십자가 능력으로 우리는 예수님을 모시고 살게 되었습니다. 믿음으로 예수님을 바라보면 예수님께서 반드시 우리를 죄에서 건져주시고 지켜주실 것입니다. 마음을 활짝 열어서 누구에게나 마음조차 다 보여주며 살기로 결단하십시오. 그러면 반드시 변화된 삶을 살게 됩니다.

예수님을 바라보는 눈이 항상 열려 있으면 사람은 변합니다. 저역시 저 자신과 마음의 생각까지도 바뀌는 것을 경험하였습니다. 하나님께서 제가 누린 이 놀라운 기쁨을 나누라고 하십니다. 그동안 하나님께서 이런저런 모양으로 경고하시고, 책망하시고, 성령을 근심하게 하였던 문제가 있습니까? 이제는 완전히 해결하십시오. 정말 선하고 의롭고 경건한 자라고 스스로 고백할 수 있게 되시기를 축복합니다.

5

의롭게
살고 싶은 열망

하나님께서는 우리가 의롭게 살려는 열망을 가지기를 원하십니다. 의롭게 살지 않으면 예수님과 친밀히 동행할 수 없기 때문입니다. 죄를 지으면서 어떻게 예수님과 동행할 수 있으며, 하나님의 뜻대로 살지 않으면서 어떻게 예수님과 동행할 수 있습니까? 따라서 의롭게 살고자 하는 열망은 예수님과 동행하고자 하는 열망과 같은 것입니다.

시편 5편은 간절한 기도로 시작됩니다. 1절에 보면 "나의 심정을 헤아려주소서", 2절에 "내가 부르짖는 소리를 들으소서", 3절에 "아침에 내가 주께 기도하고 바라리이다" 이렇게 시편 기자는 하나님께 너무나 간절한 기도를 드리고 있습니다. 보통 이런 기도는 중한 병에 걸렸을 때나, 다급한 사업의 문제, 자녀 입시 등의 문제가 생겼을 때 나오는 기도입니다.

··· 주의 의로 나를 인도하시고 주의 길을 내 목전에 곧게 하소서 시 5:8

그런데 시편 기자의 갈망은 의롭게 사는 것이었습니다. 그래서 이 기도가 놀라운 것입니다. 의롭게 살고 바른길로 인도해달라는 소원을 가지고 이른 새벽부터 하나님 앞에 나와 간절히 부르짖는 경우는 흔하지 않습니다.

　이 설교는 새해 첫 주일 설교입니다. 저는 설교 본문을 제 임의로 택하지 않았습니다. 오늘 설교 본문인 시편 5편은 시편 설교를 하던 순서대로 주어진 본문입니다. 그래서 하나님께서 주시는 신년 메시지를 기대하며 시편 5편을 읽었습니다. 처음 이 시편을 읽었을 때는 솔직히 이 본문으로 신년 설교를 하기는 어렵겠다는 생각이 들었습니다. 왜냐하면 보통 신년 설교는 듣는 이들의 가슴에 꿈을 심어주고 밝고 희망차고 듣기만 해도 복을 받는 것 같은 느낌이 드는 주제여야 할 텐데 '의롭게 살고자 하는 소원'은 너무 무거운 주제라고 여겨졌기 때문입니다. 그런데 시편 5편을 묵상하다가 말씀 앞에 무릎을 꿇고 말았습니다. 그리고 고백하였습니다. "주님, 주님께서 과연 신년 설교를 예비해놓으셨군요. 정말 그렇습니다. 하나님께서 새해에 저와 우리 성도들에게 복을 주시려고 하는 메시지입니다."

의롭게 산다는 것

여호와여 주는 의인에게 복을 주시고 방패로 함같이 은혜로 그를 호위하시리이다 시 5:12

하나님께서는 우리가 아무렇게나 살면 복을 주시지 않습니다. 하나님은 우리를 사랑하시고 우리가 다 복 받기를 원하십니다. 그러나 우리가 복을 받을 삶을 살아야 하나님의 복이 임하는 것입니다. 그래서 하나님이 기뻐하시는 길로 가는 것이 매우 중요합니다. 그중에 하나가 의롭게 사는 것입니다.

하나님께서 예수님을 십자가에 달려 죽게 하시고 또한 우리의 옛 사람도 예수님과 연합하여 죽게 하신 이유는 단 하나, 우리가 다시는 죄의 종 노릇하지 않게 하기 위해서입니다. 그러니 우리가 의롭게 살고 싶어 하면 하나님의 마음이 얼마나 기쁘시겠습니까.

우리가 알거니와 우리의 옛 사람이 예수와 함께 십자가에 못 박힌 것은 죄의 몸이 죽어 다시는 우리가 죄에게 종 노릇하지 아니하려 함이니

롬 6:6

시편 기자가 의롭게 살기를 그토록 원했던 것이 참 놀라운 것은, 주변에 있는 사람들은 그렇지 않았다는 데 있습니다. 4절부터 6절 말씀에 보면, 오만한 자, 행악자, 거짓말하는 자, 피 흘리기를 즐기는 자와 속이는 자에 대한 시편 기자의 탄식이 나옵니다.

그들의 입에 신실함이 없고 그들의 심중이 심히 악하며 그들의 목구멍은 열린 무덤 같고 그들의 혀로는 아첨하나이다 시 5:9

시편 5편

이런 사람들로 주변이 꽉 차 있다는 것입니다. 이런 사람들에 둘러싸여 있으면 같이 악해지기 마련입니다. 상대가 악하게 대하면 복수해주고 싶은 것이 당연한 심정 아닙니까? 사람들이 다 법을 안 지키는데 자기만 법을 지키는 것은 바보처럼 느껴질 것입니다. 그래서 보통은 사람들이 하는 대로 따라 살게 마련인 것입니다

그런데 시편 기자는 주변 사람들이 다 악하고 교만하고 거짓말하며 사는데, 자신만이라도 하나님이 기뻐하시는 뜻대로 의롭게 살기를 원했던 것입니다.

오직 나는 주의 풍성한 사랑을 힘입어 주의 집에 들어가 주를 경외함으로 성전을 향하여 예배하리이다 시 5:7

'오직 나는' 이 말은 "나 한 사람만이라도"라는 뜻입니다. 정말 대단하지 않습니까. 이런 소원을 가진 사람이 진정 복이 있고 하나님이 함께하시는 사람입니다. 하나님은 이런 소원을 가진 사람을 주목하고 찾으십니다. 정말 그런 사람이 있을까요? 분명히 있습니다. 하나님의 마음을 품은 사람, 정말 예수님과 동행하는 사람이 있습니다. 손해를 볼지라도, 다른 사람이 다 그렇지 않아도, 바보라는 말을 들어도 '오직 나는' 하나님의 뜻대로 의롭게 살고자 하는 그런 사람이 있습니다.

정말 하나님 편에 바로 서 있는가?

링컨 대통령은 미국 역사상 가장 위대한 대통령으로 존경받는 사람입니다. 노예 해방을 위한 남북전쟁이 시작되고 나서 첫 1년간 북군은 고전을 면치 못했고, 링컨 역시 얼마나 힘이 들었는지, 기록에 의하면 체중이 83킬로그램에서 57킬로그램으로 줄 정도였다고 합니다. 그런데 어느 날, 북군의 첫 승전보가 백악관에 전달되었고 옆에 있던 참모가 링컨에게 축하를 전하며 이렇게 말했습니다. "각하, 이제부터는 아무 염려하지 마십시오. 하나님은 항상 우리 편입니다. 하나님은 항상 우리 북군 편입니다." 그러자 링컨이 정색을 하며 한 유명한 말이 있습니다. "내가 진짜 염려하는 것은 '내가 정말 하나님 편에 바로 서 있는가?' 하는 것입니다. 내가 하나님 편에 서 있다면 하나님은 항상 내 편이 되십니다. 저는 이 교훈을 성경의 다윗을 통해서 깨달았습니다."

우리는 보통 "하나님, 내 편이 되어주세요", "하나님, 나를 도와주세요" 이렇게 하지, '내가 하나님께서 원하시는 편에 서 있나?', '나는 하나님이 기뻐하시는 방향으로 가고 있나?' 하는 생각을 하기 어렵습니다. 더욱이 죽느냐 사느냐 하는 심각한 전쟁의 순간에 링컨이 이런 생각을 하면서 전쟁을 이끌었다는 것은 정말 대단한 일이 아닐 수 없습니다. 그런데 이러한 생각을 다윗에게서 배웠다고 한 것입니다. 이 시편 5편에서 다윗이 바로 그 기도를 하나님께 드리고 있는 것입니다.

여러분, 십자가 복음으로 사는 우리가 세상 사람들과 다른 것은 바로 이 소원입니다. 우리의 옛 사람이 예수님과 함께 죽었으니 세상 사람과 소원이 다르고, 그리스도와 함께 사는 자가 되었으니 역시 세상 사람과 소원이 다릅니다. 그것이 진짜 예수님과 동행하며 사는 것입니다.

워치만 니(Watchman Nee)라는 중국의 훌륭한 그리스도인이 있었습니다. 어느 날 그가 기차 여행을 하고 있었는데 한편에서 한 무리의 사람들이 모여서 돈을 걸고 마작을 하고 있었습니다. 주위에 많은 사람들이 둘러 서서 구경하고 있는데 마작을 하고 있던 한 사람이 워치만 니를 보며 "당신도 돈이 있으면 와서 함께합시다"라고 말했습니다. 그때 워치만 니가 "마작 놀이를 하던 워치만 니는 이미 죽었소"라고 대답했다고 합니다.

이것이 그리스도인의 자기 고백입니다. 우리에게도 세상을 좋아하고, 세상 사람을 따라 살고, 이익과 재미를 얻으려고 무엇이든 가리지 않던 시절이 있었습니다. 그러나 예수님을 영접하고 나서 완전히 달라졌습니다. 옛 사람이 예수님과 함께 십자가에 죽었고 이제는 예수님으로 사는 자가 되었으니 이제는 의로운 길로 가는 것이 소원이 된 것입니다.

내 생각의 부등호

여러분, 의롭게 살기를 열망하는 사람은 악한 세상을 탓하지 않습니다. 악한 자의 형통을 부러워하지 않습니다.

의롭게 살고자 하는 시편 기자에게는 행악자들이 부러운 것이 아니라 불쌍할 뿐입니다. 왜냐하면 주님만 바라보며 의롭게 사는 자에게는 예수 그리스도 안에서 누리는 말할 수 없는 기쁨이 있기 때문입니다.

그러니까 여러분, 의롭게 살면서 조급해하지 말아야 합니다. "하나님, 너무 힘들어요. 저 언제까지 이렇게 살아야 하나요?" 하지 마시기 바랍니다.

세상이 다 악한데 의로운 길, 선한 길, 경건한 길을 가고 있다면 여러분은 너무나 잘 살고 있는 것입니다. 진짜 복 있는 사람입니다. 마음에 시온의 대로가 있는 사람입니다.

그러나 여기에 우리의 고민이 있습니다. 우리가 알기는 잘 압니다. 그런데 의롭게 살고 싶은 열망보다 육신의 정욕, 안목의 정욕, 이생의 자랑에 대한 욕망이 더 클 때가 많습니다. 우리 안에 여전히 세상에 대한 미련, 세상 재미에 대한 유혹이 너무 많습니다. 손해 보는 것은 끔찍합니다. 사람들에게 무시당하는 것을 견딜 수 없습니다. 수단 방법을 가리지 않고 성공하고 싶은 열망이 예수 믿는 우리에게도 있습니다. 어떻게 된 까닭입니까? 예수님을 믿고 예수님을 영접하고도 마음을 지키지 못하였기 때문입니다.

모든 지킬 만한 것 중에 더욱 네 마음을 지키라 생명의 근원이 이에서 남이니라 잠 4:23

여러분, 살면서 예수님 생각을 해보지 않은 사람이 누가 있습니까? 때때로 예수님 생각도 하고 하나님 생각도 합니다. '이렇게 살면 안 되는데…', '하나님의 뜻이 이건 아닌데…' 하는 생각이 들 때도 있습니다. 문제는 그 생각이 오래 가지 않는 것입니다. 왜 그렇습니까? 마음에 세상이 주는 생각이 가득하기 때문입니다. 예수님을 생각하려 해도 예수님에 대한 생각이 튕겨 나가는 것 같은 느낌이 듭니다. 이런 상태가 아주 위험하다는 것을 명심해야 합니다.

성경은 우리에게 주님의 마음을 품으라고 하였습니다.

너희 안에 이 마음을 품으라 곧 그리스도 예수의 마음이니 빌 2:5

예수님의 마음을 품는 것이 바로 우리가 해야 할 일입니다. 그러면 그다음부터 주님이 역사하십니다. 예수님의 마음을 품으려면 결심을 하고 마음을 지켜야 합니다. 24시간 예수님을 생각하는 훈련을 해야 합니다. 이처럼 주님을 바라보며 사는 것을 결코 작게 여기시면 안 됩니다.

예수님을 생각하십니까?

옛날 광산에서는 광부들이 독가스에 중독되어 질식사하는 일이 많았습니다. 그래서 광부들이 갱도에 들어갈 때 사람보다 공기에 민감한 카나리아를 데리고 들어간다고 합니다. 카나리아는 산소가 부족하거나 유독가스가 생기면 금방 죽기 때문에 카나리아가 살아 있으면 안심하고 일하지만 카나리아가 죽게 되면 곧바로 탄광을 빠져나오는 것입니다. 우리에게도 이 카나리아와 같은 것이 있습니다. 하나님께서는 여러분이 지금 잘 살고 있는지, 스스로 점검해 볼 수 있는 아주 귀중한 점검 기준을 주셨습니다. 그것이 바로 예수님을 생각하며 사느냐 하는 것입니다.

여러분은 아침에 일어나서 밤에 잠들 때까지 얼마나 예수님을 생각하고 사십니까? 아침에 눈을 뜨면 예수님 생각이 나고, 밥을 먹을 때 예수님 생각이 나고, 일할 때도 예수님 생각이 나고, 길을 갈 때도 예수님 생각이 나십니까? 예수님을 마음에 영접했는데도 세상 생각만 하며 살지 예수님에 대하여는 하루가 지나고 한 주가 흘러도 아무 생각이 없다면 대단히 위험한 상태입니다. 마치 광산 속 카나리아가 죽은 것과 같습니다. 여러분은 당장 비상조치를 취해야 합니다.

어느 여 집사님이 불륜의 유혹을 받고 괴로워하다가 목사님을 찾아가 상담을 하였습니다. "그 남자와 함께 살면 얼마나 좋을까?' 하는 간절한 마음이 드는데, 이 생각을 아무리 떨쳐버리려고 해도 떨쳐지지가 않습니다." 이렇게 말하는 여 집사님에게 목사님이 대답하였습니다. "그 생각을 떨쳐버리지 못한다면 하나님께 차라리 내 영혼을 거두어 가달라고 기도하세요." 그러자 집사님이 움찔하고 놀라더랍니다. 차라리 죽게 해달라고 기도하라니, 목사님이 그렇게까지 말할지 몰랐던 것입니다. "그것이 성도님의 영혼을 위하여 차라리 낫습니다"라는 목사님의 권면에 집사님은 그제야 정신이 돌아왔습니다. 그 정도로 심각한 문제라는 것을 깨닫지 못했던 것입니다.

여러분, 우리가 예수님에 대하여는 아무 생각도 없이 살면서 세상과 죄에 마음이 굳어져 엉뚱한 생각을 하며 은밀한 죄의 종 노릇하고 있다면 지금 당장 영원한 파멸에 빠질 것 같은 위기감으로 하나님께 기도해야 합니다. 그러면 하나님께서 반드시 역사하시고 여러분을 건져내십니다.

모택동 시절 중국 지하교회 지도자였던 왕명도 목사님이 공안에 체포되어 끔찍한 고문을 받게 되었습니다. 왕명도 목사가 예수를 부인하면 지하교회 성도들은 쉽사리 믿음을 버릴 거라고 생각했기 때문입니다. 그 과정에서 왕명도 목사가 결국 고통을 이기지 못하고 예수님을 부인하고 감옥에서 풀려났던 적이 있었습니다. 그러나 석방되고 나서 왕명도 목사는 더 고통스러운 상태가 되었습니다. 주님에 대한 송구스러운 심정 때문에 두통이 떠나지 않고 그를 괴롭힌 것입니다.

왕명도 목사님은 그때 깨달았습니다. '주님이 나를 버리지 않으셨구나. 나는 예수님을 부인했지만 주님이 나를 버리지 않으셨으니 내게 이런 고통이 있는 거지.' 그는 그것이 바로 주님의 징계이자 자신을 버리지 않으신 주님의 은혜임을 깨닫고 북경 거리로 나와 자신의 목에 큰 간판을 걸었습니다. "제 이름은 베드로입니다. 저는 저를 사랑해주신 주님을 배신했습니다. 저는 베드로입니다." 그는 이렇게 울며 외치면서 북경 거리를 다니며 공개자백을 했습니다. 그는 다시 체포되어 그 후 19년간 무시무시한 감옥생활을 하게 되었습니다. 그러나 그의 소식이 알려지자 지하교회 지도자들에게 큰 도전이 되었고 왕명도 목사를 뒤이어서 중국 지하교회 지도자들이 굳건히 세워지기 시작했습니다.

19년의 감옥생활을 끝내고 풀려나던 날, 사람들이 왕명도 목사에게 어떻게 그 감옥생활을 견뎠는지 물었을 때 그는 웃으며 대신 찬송을 부르고 싶다고 했습니다. 몸은 늙었고 손가락 마디마디가 뒤틀려 있었고 그의 아내는 앞을 보지 못하는 지경이 되어 있었지만 그는 빛나는 눈동자로 찬송을 부르기 시작했습니다.

나의 갈 길 다 가도록 예수 인도하시니
내 주 안에 있는 긍휼 어찌 의심하리요
믿음으로 사는 자는 하늘 위로 받겠네
무슨 일을 만나든지 만사형통하리라
무슨 일을 만나든지 만사형통하리라

이 찬송을 부르고 나서 그가 말했습니다. "저는 감옥에서 이 찬송을 잊은 적이 없었습니다. 그리고 이 찬송의 가사처럼 하늘의 위로가, 주님의 위로가 저에게 있었기 때문에 19년 동안 저는 아주 행복했답니다."

참으로 두려운 순간에도 예수님이 생각나니까 예수님을 바라보게 되고, 그러니까 바른 소원을 가지게 되어 결국 왕명도 목사님 자신도 살고 중국 교회도 살게 된 것입니다. 여러분, 정말 예수님을 생각할 수 있다는 것, 이것이 얼마나 놀라운 일인지 모릅니다. 주님이 항상 바라보면 당연히 의롭게 살고자 하는 마음이 일어나게 되어 있습니다.

다윗은 아침 첫 시간에 하나님께 자신이 의로운 자가 되게 해달라는 기도를 드렸습니다.

> 여호와여 아침에 주께서 나의 소리를 들으시리니 아침에 내가 주께 기
> 도하고 바라리이다 시 5:3

이것은 그가 의롭게 살기를 진정으로 갈망했다는 말입니다. 허드슨 테일러(Hudson Taylor) 선교사님은 말했습니다. "나의 헌신과 행복의 비결은 하루를 어떻게 시작하느냐에 달려 있습니다. 연주자는 음악회가 시작되기 전에 악기를 조율합니다. 음악회가 끝난 뒤에 조율한다면 어리석은 일이겠지요. 나는 아침에 일어나면 하나님의 뜻에 나의 생각을 맞추는 일부터 시작합니다. 그러면 하루가 보람되고 행복해집니다."

새해 첫 주일은 한 해 동안 되어질 일을 하나님과 조율하는 시간입니다. 한 해를 시작하는 시간, 우리가 하나님께 무엇을 구할 것인지는 대단히 중요합니다. 새해 첫 주일에 하나님께 어떤 기도를 드리겠습니까? 화려한 명예와 세상 영광도 다 순간일 뿐입니다. 정말 구름을 잡는 것과 같습니다.

> 그런즉 너희는 먼저 그의 나라와 그의 의를 구하라 그리하면 이 모든
> 것을 너희에게 더하시리라 마 6:33

우리가 어떤 소원을 아뢰면 나머지도 다 해결되는 소원이 있고, 어떤 소원은 마치 구름을 잡는 수고와 같은 소원도 있습니다. 장로회에서 토요일마다 오후 5시에 본당에서 강단 기도를 드립니다. 한번은 장로님들의 강단 기도회에 참석했다가 하나님의 불이 임하는 것 같은 은혜가 있었습니다. 그때 하나님께서 저에게 우리 교회에 성령의 역사가 놀랍게 열리지 못하는 이유가 저 때문이라는 것을 깨닫게 해주셨습니다. 목사인 저의 심령이 조금이라도 더 정결했다면, 그동안 이 강단에 하나님의 은혜가 얼마나 풍성했을까 생각하니 너무너무 마음이 아팠습니다. 제가 24시간 주님과 온전히 교제하는 사람이 될 수 있었다면, 하나님은 더욱 강하게 역사하실 수 있었을 텐데 하는 애통함이 들었습니다. 하나님 앞에 기도하면서 '하나님, 제가 원하는 것은 아무것도 없습니다. 그 배에서 생수의 강이 흘러나오리라고 하셨는데, 제가 걸림돌이 되지 않고 온전하고 정결한 그릇이 될 수 있게 해주옵소서.' 그 기도밖에 드릴 것이 없고, 다시 한번 온전히 예수님만 바라며 목회할 것을 결단했습니다. 오직 그것 하나면 충분하였습니다.

여러분의 삶에도 하나님의 역사가 강하게 임하게 될 것은 의심할 여지가 없습니다. 그것 때문에 고민할 문제도 없습니다. 하나님의 은혜는 너무 풍성하십니다. 우리가 깨끗한 통로이기만 하면 됩니다. 예수님과 동행하는 것, 그것은 우리가 의로워지는 것과 같습니다. 이 두 가지가 절대로 다를 수 없습니다. 전염병과 전쟁의 위협과 경제 위기로 인하여 온 나라가 걱정입니다. 하나님께서는 오히려 이때 거룩한 성도들과 거룩한 교회가 우후죽순처럼 일어나는 비전을 품고 기도하라는 마음을 주십니다. "그렇습니다. 전국 방방곡곡에 하나님만을 바라보는 성도들, 의로운 성도들이 우후죽순처럼 일어나게 하소서."

"세상은 악하고 거짓된 사람들이 많지만 나는 의롭게 살고 싶습니다. 하나님의 뜻대로 살고 싶습니다. 주님과 동행하는 삶을 살고 싶습니다"라고 기도합시다. 그 기도를 하나님께서 기뻐하실 줄 믿습니다. 자신의 성공을 위해, 자신의 소원을 이루어달라고 기도하는 것보다 더 간절하게, 세상이 다 악해도 나만은 의롭게 살고 싶다고 기도하는 여러분을 하나님께서 쓰실 줄 믿습니다.

6

절망은
사랑에 대한
배신이다

일본 아오모리에 있는 한 농장에서 태풍으로 90퍼센트의 사과가 떨어지고 말았습니다. 낙과가 산더미처럼 쌓여 있는 과수원을 보며 망연자실하던 과수원 주인은 갑자기 떨어지지 않은 10퍼센트의 남은 사과에 주목하게 되었습니다. 그 사과를 가꾸고 수확하여 '풍속 53.9미터의 태풍에도 떨어지지 않은 사과'라는 증명서와 함께 잘 포장해서 대입 기원 상품으로 판매했는데, 일반 사과에 비해 수십 배의 고가임에도 불구하고 없어서 못 팔 정도였다고 합니다.

하나님의 진노를 느낄 때

여러분은 절망적인 상황을 만났을 때 어떻게 극복하십니까? 다윗은 기가 막힌 절망에 빠져서 탄식합니다.

> 여호와여 내가 수척하였사오니 내게 은혜를 베푸소서 여호와여 나의 뼈가 떨리오니 나를 고치소서 시 6:2

시편 6편

3절에 "나의 영혼도 매우 떨리나이다 여호와여 어느 때까지니이까", 7절에서는 "내 눈이 근심으로 말미암아 쇠하며 내 모든 대적으로 말미암아 어두워졌나이다"라고 고백했습니다. 그는 절망하여 마음이 무너지고 거기에 병들고 쇠약해져서 눈이 멀 지경이라고 고백합니다.

다윗이 이처럼 절망하는 이유는 하나님께서 자신을 버리신 것이 아닐까 하는 두려움 때문이었습니다. 이 시편은 다윗의 7개의 회개의 시 가운데 하나입니다. 이 시에서 구체적인 내용을 언급하지 않았지만, 다윗은 자신의 죄로 인해 하나님의 진노를 샀다고 시인합니다.

여호와여 주의 분노로 나를 책망하지 마시오며 주의 진노로 나를 징계하지 마옵소서 시 6:1

하나님의 진노를 경험하면 하나님으로부터 영원히 버림을 받은 것 같습니다. 그것처럼 절망적인 일은 없을 것입니다. 큰딸이 초등학교 1학년 때 제가 매를 든 적이 있었습니다. 물론 잘못된 행동이 버릇이 될까봐 고쳐주려고 한 일이었지만, 그것이 제 딸의 마음에 얼마나 큰 아픔이었는지, 화난 아버지의 얼굴을 보는 것이 얼마나 큰 두려움이었을지 몰랐습니다. 그런데 중학교에 들어가서도 그 두려움이 풀어지지 않는 것을 보고 깜짝 놀랐습니다. 매를 든 것으로 인하여 첫째 딸과 사이에 겪었던 어려움이 너무 컸기에 열 살

어린 둘째 딸에게는 절대로 매를 들지 않아야겠다고 결심했습니다. 그런데 아무리 그래도 잘못하면 야단을 쳐야 하지 않습니까? 그래서 둘째 딸에게는 빗으로 발바닥을 때리는 시늉만 하는 정도로 야단을 쳤습니다.

그래서 저는 둘째 딸은 매 안 들고 길렀다고 생각했습니다. 그런데 커서 하는 말이 제가 발바닥을 잡고 빗으로 때리려 할 때 너무 무서웠다는 것입니다. 저로서는 너무 억울했지만, 아버지가 화 내는 것을 본다는 것이 아이들에게 얼마나 큰 두려움을 주는지 제 두 딸을 보면서 깨달았습니다. 육신의 아버지가 화를 내도 이 정도인데, 하나님이 화를 내시면 어떻게 감당할 수 있겠습니까? 하나님의 진노를 느낄 때 우리는 절망하게 되는 것입니다.

우리 대신 버림받으신 예수님

예수님께서도 십자가에서 하나님으로부터 버림받는 절망을 경험하셨습니다.

> 제구 시쯤에 예수께서 크게 소리 질러 이르시되 엘리 엘리 라마 사박다니 하시니 이는 곧 나의 하나님, 나의 하나님, 어찌하여 나를 버리셨나이까 하는 뜻이라 마 27:46

하나님께서 어떻게 예수님을 버릴 수 있겠습니까? 그러나 예수님께서는 십자가에서 실제로 하나님으로부터 버림받으셨습니다. 그것은 예수님이 저와 여러분의 죄, 온 인류의 죄를 짊어지셨기 때문입니다. 하나님께서는 온 세상의 죄를 짊어진 예수 그리스도를 외면하셨습니다. 이처럼 죄는 하나님과의 관계를 단절시킵니다. 예수님께서 탄식하시는 것을 보면 하나님과의 관계가 단절되는 것이 얼마나 무섭고 두려운 일인지를 알게 됩니다. 지옥에서 당할 두려움입니다.

사망 중에서는 주를 기억하는 일이 없사오니 스올에서 주께 감사할 자 누구리이까 시 6:5

하나님과의 관계가 끊어진다는 것은 인간이 겪을 수 있는 가장 두려운 일입니다. 아직 예수를 믿지 않아 하나님의 자녀가 아닌 사람들도 지금은 하나님이 얼굴을 돌리시지 않은 상태에서 살고 있습니다. 그들이 하나님에 대해서 아무리 모욕적인 말을 하고 하나님을 부정하더라도 하나님은 여전히 그들에게 은혜로우십니다. 그들의 삶 속에도 위로가 있고 평안도 있고 기쁨도 있고 재미도 있는 것은, 아직은 하나님께서 얼굴을 돌리신 것이 아니라는 증거입니다.

그러나 언제까지나 그렇지는 않습니다. 끝까지 복음을 거부하면 하나님께서 얼굴을 돌리신 것을 경험하게 될 때가 옵니다. 지옥입니다. 지옥은 어떤 곳일까요? 하나님의 은혜가 없는 곳입니다.

하나님께서 얼굴을 돌리신 곳입니다. 그것은 무서움 그 자체입니다. 이 세상에 있는 동안에는 상상도 하지 못하는 두려움입니다. 이것을 알지 못하기 때문에 살기 어렵다고, 견디기 힘들다고 자살하는 사람들이 생기는 것입니다. 그러나 아무리 괴로워도 이 세상은 지옥보다 훨씬 낫습니다. 그래서 자살이 정말 어리석은 일인 것입니다.

살아 있는 동안 모든 사람은 하나님의 은혜 안에 있습니다. 하나님께서 얼굴을 돌리지 않으시고, 하나님께 돌아오기만을 기다리시는 때입니다. 그러나 지옥에 가면 달라집니다. 하나님께서 외면하십니다. 예수님께서 십자가에서 그 무서운 경험을 하신 것입니다. 이처럼 예수님께서 십자가에서 우리의 죄와 저주를 짊어지셨기에, 예수님을 믿는 사람에게 하나님께서 다시는 얼굴을 돌리는 일이 없으신 것입니다.

십자가와 우리 안에 오신 성령님

그런데 예수님을 믿고도 때때로 지옥과 같은 절망을 경험할 때가 있습니다. '하나님마저 나를 버리셨구나!' 하는 느낌에 들 때입니다. 이런 사람이 있다면 잘 들으시기 바랍니다. 하나님께서는 결코 우리를 버리지 않을 뿐 아니라 항상 우리를 사랑하십니다. 말만 그렇게 하는 것이 아닙니다. 너무나 분명한 증거가 있습니다.

누가복음 15장 20-24절에서 집으로 돌아온 탕자가 자기를 끌어안고 입 맞추는 아버지에게 이렇게 말합니다.

아버지 내가 하늘과 아버지께 죄를 지었사오니 지금부터는 아버지의
아들이라 일컬음을 감당하지 못하겠나이다 눅 15:21

탕자는 하늘과 아버지 앞에 죄를 지어서 아버지의 아들이라 불
릴 자격도 없다고 합니다. 그러나 아버지는 들은 척 만 척 좋은 옷
을 입히고 반지를 끼우고 송아지를 잡으라고 명합니다. 이것이 저
와 여러분에게 주시는 하나님의 사랑, 복음입니다. 견딜 수 없는
두려움이 임할 때, 모든 게 끝난 것 같은 절망이 찾아올 때, 사람들
이 다 손가락질하고, 죄 때문에 하나님도 자기를 버리신 것 같은
순간에도 "하나님께서 나를 사랑하신다"는 사실에 변함이 없다는
것을 잊지 말아야 합니다.

그 증거는 첫째, 십자가입니다. 주님의 십자가를 바라보면 하나
님이 나를 사랑하신다는 놀라운 메시지를 듣게 됩니다.

사랑은 여기 있으니 우리가 하나님을 사랑한 것이 아니요 하나님이 우
리를 사랑하사 우리 죄를 속하기 위하여 화목 제물로 그 아들을 보내셨
음이라 요일 4:10

예수님이 우리를 대신하여 하나님께 외면당하는 저주를 담당하
셨습니다. 그 말은 우리에게 다시는 그런 저주가 임하지 않게 되었

다는 것입니다. 십자가가 그 증거입니다. 그러므로 예수님께서 우리를 위하여 십자가에서 죽으셨음을 정말 믿는다면 어떤 절망적인 상태에 빠졌든, 지은 죄가 아무리 크다 하더라도 '하나님은 나를 사랑하신다', '하나님은 내게서 얼굴을 돌리지 않으신다'는 확실한 증거를 가진 것입니다.

둘째, 우리 안에 오신 성령 하나님입니다.

내가 아버지께 구하겠으니 그가 또 다른 보혜사를 너희에게 주사 영원토록 너희와 함께 있게 하리니 그는 진리의 영이라 세상은 능히 그를 받지 못하나니 이는 그를 보지도 못하고 알지도 못함이라 그러나 너희는 그를 아나니 그는 너희와 함께 거하심이요 또 너희 속에 계시겠음이라 요 14:16,17

성령 하나님께서 우리 안에 오셨습니다. 그저 오신 것만이 아니라 영원히 함께 있겠다고 하셨습니다. 이처럼 우리 안에 계시겠다는 것은 "다시는 너를 버리지 않겠다", "너를 떠나지 않겠다", "영원히 사랑하시겠다"는 뜻입니다. 하나님께서 우리를 결코 포기하지 않으신다는 확실한 약속이요 증거입니다. 때때로 하나님이 나를 떠나신 것 같고, 나를 버리신 것 같은 괴로운 마음이 들 때 그 괴로움조차 여러분 안에 성령님이 계시는 증거임을 알아야 합니다.

하나님의 성령을 근심하게 하지 말라 그 안에서 너희가 구원의 날까지

시편 6편

우리가 하나님의 뜻대로 살지 않으면 마음이 괴롭습니다. 그것은 우리 안에 거하시는 성령님께서 근심하시기 때문입니다. 이것이 얼마나 감사한 일인지 모릅니다. 성령께서 근심하실지언정 떠나지 않으신 증거이기 때문입니다.

1865년 링컨 대통령이 암살당했을 때, 그의 품에서 찾아낸 유품은 손수건, 안경집, 주머니칼, 5달러가 든 지갑 그리고 신문 기사를 스크랩한 종이였습니다. 무슨 내용의 기사였길래 스크랩을 해서 가지고 다녔는지 보니 링컨 대통령에 대해 우호적으로 쓴 기사였다고 합니다. 미국의 대통령으로 남북전쟁을 이끌며 수없이 낙심되고 불안할 때마다 몇 번씩 혼자서 읽고 되뇌며 위로와 기쁨을 얻은 격려의 글이 그에게 있었던 것입니다. 그런데 여러분, 하나님께서 우리에게도 그렇게 해주셨습니다. 바로 십자가와 우리 안에 오신 성령입니다.

내 간구를 들으셨음이여

우리가 죄로 인해 징계를 당할 때, 하나님이 화나셨다고 느낄 때 우리의 영혼은 낙심합니다. 하나님께서 진노하시는데 어떻게 하나님께 기도를 합니까? 죄가 무서운 것은 기도도 못하게 되기 때문입니다. 그러나 상황이 절망적이고 하나님도 버리셨을 것 같은 때일지라도 더욱 기도해야 합니다. 하나님께서 우리가 잘나서 우리 기도를 들어주시는 것이 아닙니다. 우리의 열심이나 우리의 의때문에 기도의 문을 열어주시는 것이 아닙니다. 기도의 문은 예수님 때문에 열려 있는 것입니다. 그러므로 우리는 예수님 안에서 언제든지 얼마든지, 어떤 처지, 어떤 상황에서라도 하나님을 아버지라 부르고 하나님께 달려가 기도할 수 있습니다.

다윗이 위대한 믿음의 사람이었다고 하는 것은 그가 절망적인 상황에서 무너지지 않고 기도하였다는 것입니다. 그는 4절에 "여호와여 돌아와 나의 영혼을 건지시며 주의 사랑으로 나를 구원하소서"라고 간절히 기도합니다. 6절에서 다윗은 하나님이 자신을 징계하신다고 느끼면서도 하나님께 매달리며 눈물로 기도합니다.

내가 탄식함으로 피곤하여 밤마다 눈물로 내 침상을 띄우며 내 요를 적시나이다 시 6:6

그렇게 기도하는 다윗에게 놀라운 일이 벌어집니다. 8절부터 시편의 분위기가 완전히 바뀌어버립니다.

악을 행하는 너희는 다 나를 떠나라 여호와께서 내 울음 소리를 들으셨도다 여호와께서 내 간구를 들으셨음이여 여호와께서 내 기도를 받으시리로다 내 모든 원수들이 부끄러움을 당하고 심히 떨며 갑자기 부끄러워 물러가리로다 시 6:8-10

하나님께서 자신의 기도를 들으신다는 놀라운 확신이 다윗에게 임한 것입니다. 어떤 절망적인 상황이더라도 하나님께서 자신의 기도를 들으시고 자기와 함께하신다는 것이 믿어지면 절망은 어느덧 사라져버립니다. 저는 다윗과 똑같은 체험을 한 자매를 보았습니다. 젊은이교회 리더 훈련에서 한 자매가 간증을 하였습니다. 몇 년 전 자매는 하나님이 너무 원망스럽고 자신에 대해 절망하여 죽음을 생각했다고 합니다. 인터넷에서 찾아보니 자신의 상태가 공황장애에 걸린 사람과 똑같다는 것을 알게 되었습니다. '아, 나에게 공황장애가 왔구나.'

너무 큰 충격을 받고 꼴딱 밤을 새고 새벽에 교회로 오는데 한편으로 원망하는 마음이 있었다고 합니다. 그렇게 하나님 앞에 울부짖으며 살려달라고 기도하는 중에 마음속에서부터 말할 수 없는 평안이 일어나기 시작하는데 '하나님은 나를 버리신 게 아니고 여전히 나를 사랑하시고 나와 함께 계신다'는 그 사실이 믿어지기 시작하더라는 것입니다. 자매는 그때부터 다시 주님을 바라보는 삶을 살게 되었고 지금은 젊은이교회 리더로 세워지고 간증을 하게 되었다고 고백하였습니다.

절망하고 포기하는 것도 배신이다

여러분, 우리는 하나님의 엄청난 사랑을 받고 삽니다. 그런데 낙심하고 절망한다면 말이 되겠습니까? 아무리 고통스러운 상황이어도 주님이 함께하심을 잊지 않으면 얼마든지 이겨낼 수 있습니다. 우리가 받은 복음이 무엇입니까?

예수님이 마음에 거하여 계신 것이 복음입니다. 우리는 절대 혼자가 아닙니다. 어떤 상황에서도 절대 혼자가 아닙니다. 그러므로 24시간 예수님을 바라보십시오. 그것을 매일 일기를 쓰며 점검해 보십시오. 예수님이 자신 안에 거하여 계신 것이 믿어질 때 비로소 우리는 세상이 무섭지 않습니다. 이 놀라운 복음이 어떤 절망적인 상황에서도 우리가 결코 무너지지 않게 해줍니다. 완전히 캄캄하고 막힌 공간에 쥐를 가두면 30분을 못 견디고 죽는다고 합니다. 그런데 똑같은 공간에 한 줄기 빛만 있어도 36시간을 견뎌낸다고 합니다. 그렇다면 우리는 어떨까요? 빛이신 예수님을 24시간 바라보는 일은 우리의 삶을 엄청나게 변화시킵니다.

24시간 예수님을 바라보며 예수님과 동행하는 삶을 일기로 쓰는 것을 안 된다, 못하겠다고 하는 분들이 있습니다. 그것은 그렇게 살지 않았기 때문에 힘든 것입니다. 예수님과 동행하는 삶을 사는 것이 익숙하지 않아 힘들게 여겨질 뿐, 절대로 불가능한 일이거나 어려운 일이 아닙니다.

어느 목사님이 딸 둘을 키우는데, 어느 날 아홉 살 언니가 네 살 된 동생을 야단치는 것을 보았습니다. 네 살짜리 동생이 언니의 가위를 쓰고 어디에 두었는지 잊어버린 것입니다. 언니가 동생을 심하게 다그치자 목사님이 "얘는 네 살짜리잖아" 이렇게 말렸는데, 어느 날 동생이 언니 물건에 또 손을 댔는지, 언니가 또다시 동생을 야단치고 있었습니다. 그런데 언니가 야단을 치자 이번에는 동생이 눈을 부릅뜨고 언니를 향해 "나, 네 살이잖아" 그래서 온 가족이 웃었다고 합니다. 못한다, 안된다 핑계를 대는 것은 문제이지만, 어려서 잘 하지 못하는 것 때문에 좌절해서도 안 될 것입니다.

어느 날 아홉 살 된 딸이 구구단을 다 외우고 의기양양하다가 새 학기 수학책을 받아들고 절망에 빠졌습니다. 세 자리 곱셈이 나와 있었기 때문입니다. '나는 이거 못하는데…' 하고 낙심하는 딸을 보고 목사님이 너무 안타까웠습니다. '할 수 있는데, 낙심하지 않아도 되는데…' 우리가 절망하는 것을 보시는 하나님의 마음이 이와 같을 것입니다.

세 자리 곱셈이 절망에 빠질 일입니까? 금세 잘 하게 되는 것입니다. 그러나 처음이기에 세 자리 곱셈이 불가능한 과제라는 생각이 드는 것입니다. 주님과 교제하는 일도 그렇습니다. 아직 훈련되지 않았을 뿐입니다. 실제로는 우리에게 말할 수 없는 축복입니다.

어떤 사람이 "내가 사랑하는 줄 알면서 나를 떠나는 것도 배신이지만, 내가 여전히 사랑하는 줄 알면서 절망하는 것도 배신이다"라는 말을 했습니다. 그렇습니다. 너무나 분명한 하나님의 사랑을 받으면서도 절망하고 포기한다면 그것은 주님을 향한 배신입니다. 어떤 상황에서도 하나님의 사랑을 붙잡는 자가 세상을 뒤집는 사람이 됩니다.

《지선아, 사랑해》라는 책을 보면서 이지선 집사가 어떻게 지금과 같은 감동적인 삶을 사는지 알 수 있었습니다. "사는 것은, 살아남는 것은, 죽는 것보다 천 배 만 배 힘들었지만 왼손보다 오른손이 더 짧고 잘 움직여지지 않는데, 왜 오른손을 지켜주시지 않았느냐고 울며불며 원망하는 게 아니라 왼손이라도 오른손처럼 심하지 않아 잘 쓸 수 있으니 감사하는 마음을 주셨습니다. 손가락을 절단하러 들어가는 수술실 앞에서는 더 많이 자르지 않아 감사하는 마음을 주셨습니다. … 어제는 숟가락을 혼자 잡을 수 있어서, 오늘은 문고리를 잡고 열 수 있어서 감사하며 기쁩니다.

이지선 집사는 절망할 모든 조건을 가지고 있습니다. 그녀가 절망한다고 누가 뭐라고 말할 수 있겠습니까? 그런데도 이지선 집사는 절망이 아니라 하나님의 사랑을 붙잡았습니다. 감사를 선택하였습니다. 주님이 그를 인도하시는 대로 순종하였습니다. 그러니 하나님께서 이지선 집사를 안 쓸 수가 없으신 것입니다. 우리도 똑같습니다. 예수님이 마음에 계신 것을 알게 되면 절망을 보지 않게 됩니다. 하나님의 사랑을 보게 됩니다.

변함없는 하나님의 사랑을 선택하라

제가 대학부를 지도할 때 교회 사무실에서 전화 한 통을 연결시켜 주었습니다. 전화를 받아보니 다급한 목소리가 들려왔습니다. 아들을 위한 기도를 부탁한다는 것입니다. 지금 아들이 칼을 들고 죽겠다고 하는데 아무리 달래도 듣지 않고, 마지막으로 목사님을 한번 만나보고 죽겠다고 해서 교회로 급히 전화를 걸었다는 것입니다. "우리 아들을 좀 만나주실 수 있겠습니까?" 그래서 교회로 오시라고 했습니다. 만나서 이야기를 들어보니 어려서부터 간질로 고생이 심하였습니다. 대학에 들어갔지만 병은 고쳐지지 않고 자신 때문에 온 가족이 고생이고 가정에 기쁨이 없고, 동생도 공부를 해야 하는데 형편이 어려워 동생에게도 미안하고, 자신도 평생 약을 먹으며 간질로 고생하며 사느니 차라리 죽는 것이 모두에게 유익하지 않겠느냐는 것입니다.

그 청년을 붙잡고 기도하는데, 온몸이 뻣뻣하게 굳고 뒤틀어지면서 거품을 물고 쓰러졌습니다. 그 영혼이 얼마나 불쌍하고 안타깝던지 한참을 같이 울면서 기도했습니다. 그 때부터 그 청년에게 복음을 전하고 말씀으로 양육하기 시작했습니다. 처음에는 복음을 받아들이지 못했습니다. "하나님은 당신을 사랑하고 당신을 향한 놀라운 계획을 가지고 계십니다." 도무지 믿지 못했습니다. 그러나 매주 말씀을 듣고 믿음이 일어나는 것을 보았습니다. 송구영신 예배를 드리다가 치유하시는 하나님을 믿고 약을 끊을 믿음도 생겼습니다.

그러나 의사 선생님을 만나고 그는 다시 완전히 풀이 죽었습니다. "너는 평생 약을 먹어야 돼"라는 절망적인 말을 들은 것입니다. 부모님도 걱정이 컸습니다. 저도 어떻게 해야 하나 고민이 되었습니다. 의사의 말을 무시하면 안 되겠고, 그렇다고 저마저 "평생 약을 먹으라"고 해서는 그의 안에 생긴 믿음을 무너뜨릴 것 같았습니다. 그때 하나님께서 저에게 지혜를 주셨습니다. "다니엘이 한 대로 시험을 해보자." 의사 선생님에게 하루만, 하루만 약을 안 먹게 허락해주시기를, 그래서 괜찮으면 삼 일을, 괜찮으면 다시 일주일을, 그리고 한 달, 석 달을 약을 먹지 않고도 괜찮으면 약을 끊게 해달라고 구해보자고 했습니다. 의사 선생님도 문제가 생기면 다시 약을 먹어야 한다는 조건부로 이를 허락해주었습니다.

그날부터 저는 그 청년과 매일 전화로 괜찮은지 확인하고 기도해주었습니다. 하루하루 아무 증상 없이 지나는 것을 확인하면서 매일이 감사였고 결국 하나님은 그를 그 병에서 완전히 고쳐주셨습니다. 그는 약을 완전히 끊었고 결혼해서 아이도 낳고 지금은 권사님으로 교회를 잘 섬기고 있습니다.

여러분, 세상을 살다보면 상황이 때때로 우리를 절망으로 몰아갈 때가 있습니다. 그러나 절망적인 상황을 볼 것인지, 아니면 변함없는 하나님의 사랑을 바라볼 것인지 우리는 선택해야 합니다. 우리는 항상 십자가와 성령의 증거를 붙잡고 결단해야 합니다. 하나님이 사랑하시고 십자가의 은혜를 주셨는데도 하나님을 떠난다면 배신입니다. 마찬가지로 하나님은 여전히 사랑하시는데, 하나님은 포기하지 않으셨는데, 자기 스스로 절망하고 포기했다면 그 또한 배신입니다. 여러분, 하나님의 사랑을 붙잡겠다고 결단하시기 바랍니다. 아무리 절망적인 상황일지라도 하나님의 사랑을 의지하여 절망을 이기고 승리하는 삶을 사시기를 축원합니다.

7

어떻게 마음도
정직해질 수 있을까?

한번은 말레이시아 한인교회에서 부흥회를 인도하였는데, 처음 가본 말레이시아는 생활 수준도 높고 주거 환경도 좋아 한국의 은퇴자들이 많이 와서 살고 있었습니다. "말레이시아도 참 살기 좋은 곳이구나" 하는 생각이 들었는데 갑자기 주님께서 "여행이니 그렇지"라고 말씀하시는 것 같았습니다. 그렇습니다. 실제로 거주하는 것과 여행하는 것은 엄청난 차이가 있습니다. 한국을 다녀가는 말레이시아 사람들도 한국을 매우 좋아한다고 합니다. 그런데 그런 우리나라의 자살률이 세계 1위입니다.

하나님은 아시잖아요?

우리의 삶의 현실은 어디나 참 어렵습니다. 우리가 겪는 어려움 중에 정말 힘들고 두려운 일은 자신이 하지도 않은 일을 했다고 오해받거나 억울한 일을 당하게 될 때입니다. 시편 7편은 바로 무고한 고소로 인해 생명의 위협을 받는 지경에 이른 성도가 하나님께 올려드리는 탄원의 시입니다.

여호와 내 하나님이여 내가 주께 피하오니 나를 쫓아오는 모든 자들에게서 나를 구원하여 내소서 건져낼 자가 없으면 그들이 사자 같이 나를 찢고 뜯을까 하나이다 시 7:1,2

보통 억울한 일을 겪으면 자기가 겪은 억울한 일의 전후 사정을 설명하느라 말이 많아지기 마련입니다. 그러나 시편 7편에는 억울한 사정에 대한 어떤 설명도 나오지 않습니다. 이 시편 기자는 오직 한 가지만 하나님께 기도합니다.

여호와 내 하나님이여 내가 이런 일을 행하였거나 내 손에 죄악이 있거나 화친한 자를 악으로 갚았거나 내 대적에게서 까닭 없이 빼앗았거든 원수가 나의 영혼을 쫓아 잡아 내 생명을 땅에 짓밟게 하고 내 영광을 먼지 속에 살게 하소서 (셀라) 시 7:3-5

한마디로 "하나님은 다 아시지 않습니까?"라고 말하는 것입니다. 그가 죽음의 위협을 당할 정도로 어려움을 겪을 이유가 없다는 것을 하나님께서 다 아신다고 고백하는 것입니다. 여러분, 우리도 세상을 살다보면 억울한 일을 만나고 사람들이 죽이려고 달려드는 것 같은 상황을 만날 때가 있는데, 그때 이 시편을 기억하시기 바랍니다. 다윗처럼 "하나님은 아시지 않습니까?"라고 담대히 기도할 수 있다면 두려워할 것이 무엇이겠습니까? 억울할 때 하나님을 의지하십시오. 하나님이 살아 계시고 또 하나님이 심판자이시기 때문입니다.

사실 억울한 일을 만났을 때 변명하면 할수록 억울함이 풀리기는커녕 문제가 더 꼬일 때가 많습니다. 꼭 필요하다면 법에 호소할 수도 있지만 세상 법정을 통해 진실이 가려진다는 보장도 없습니다. 그러나 하나님은 완벽한 심판자이십니다. 그 하나님을 진짜 믿으면 담대할 수 있습니다. 두려워하지 않아도 됩니다.

많은 사람이 하나님께서 죄에 대하여 분노하시고 결국 심판하신다는 것을 믿지 못합니다. 하나님께서 오래 참으시기 때문입니다. 그러나 하나님의 분노하심을 무시하다가는 큰일납니다. 하나님은 정확히 죄를 심판하십니다. 죄짓고 안전할 사람은 아무도 없습니다. 하나님께서 칼을 가신다고 했습니다.

여러분, 하나님께서 칼 가는 소리가 들리십니까? 들리셔야 됩니다. 하나님께서 영원히 칼만 가시겠어요? 그러나 마음에 조금도 걸리는 것이 없는 분들은 두려워할 것이 없습니다. 하나님께서 심판하시니 차라리 억울한 것이 낫습니다. 하나님의 심판하심이 믿어지면 사람들에게 별의별 소리를 다 듣고 온갖 수모를 당해도 담대할 수 있습니다. 우리 마음이 정직하면 두려워할 일이 없다는 것이 시편 7편의 핵심 메시지입니다.

마음까지 정직한가?

그런데 설교를 준비하며 중심 메시지를 분명히 깨달았는데도 마음이 시원하지 않았습니다. 왜냐하면 우리 가운데 "하나님은 다 아시잖아요?" 하고, 나는 아무 잘못한 것이 없다고 담대하게 기도할 수 있는 사람이 얼마나 될까 하는 생각 때문이었습니다. 이 말씀을 듣고 마음에 위로와 힘을 얻을 사람이 극히 소수일 것입니다. 대부분은 하나님이 심판하신다는 게 두려운 일이며, 하나님이 다 알고 계신다는 것이 마음에 무거운 짐이 될 것입니다.

게다가 시편 기자는 하나님께서 사람의 마음과 양심을 살피신다고 고백합니다.

악인의 악을 끊고 의인을 세우소서 의로우신 하나님이 사람의 마음과 양심을 감찰하시나이다 나의 방패는 마음이 정직한 자를 구원하시는 하나님께서 마음이 정직한 자를 구원하신다고 했습니다. 그렇지만 이 말씀대로 정말 자신의 마음조차 아무런 문제가 없다고 말할 수 있는 사람이 얼마나 되겠습니까? 많은 그리스도인들이 말이나 행동이 잘못되지 않도록 사는 것도 어려워합니다. 마음은 생각하지도 못합니다. 마음으로는 악한 생각도 하고, 미워하기도 하고, 짜증도 내고, 온갖 공상도 하고, 은밀한 죄도 짓습니다. 하지만 그 사람은 정말 하나님을 모르는 것입니다. 하나님은 우리 마음이 정직하지 않으면 결코 우리 편이 되어주시지 않습니다.

하나님께 우리의 의를 호소하려면 겉으로만 정직해서는 안 됩니다. 마음이 정직해야 합니다. 우리 마음의 동기까지 살피시는 하나님은 우리가 비록 그런 말을 안 했고, 그런 행동을 안 했더라도, 마음이 잘못한 것이 있으면 그것을 우리의 잘못이라고 하십니다. 음욕을 품고 여자를 보는 사람은 이미 간음한 것이며, 형제를 미워하는 자마다 살인하는 자라고 하시는 것이 하나님이 우리를 보시는 눈입니다.

성경에서는 겉은 멀쩡한데 마음이 정직하지 못한 자를 하나님께서 얼마나 엄히 다루시는지 많이 말씀하고 계십니다.

거짓 선지자들을 삼가라 양의 옷을 입고 너희에게 나아오나 속에는 노략질하는 이리라 마 7:15

그 날에 많은 사람이 나더러 이르되 주여 주여 우리가 주의 이름으로 선지자 노릇 하며 주의 이름으로 귀신을 쫓아 내며 주의 이름으로 많은 권능을 행하지 아니하였나이까 하리니 그 때에 내가 그들에게 밝히 말하되 내가 너희를 도무지 알지 못하니 불법을 행하는 자들아 내게서 떠나가라 하리라 마 7:22,23

예수님께서 유독 당시 종교 지도자들에게 엄격하셨던 이유는 바로 그들의 이중적인 마음 때문이었습니다.

화 있을진저 외식하는 서기관들과 바리새인들이여 회칠한 무덤 같으니 겉으로는 아름답게 보이나 그 안에는 죽은 사람의 뼈와 모든 더러운 것이 가득하도다 마 23:27

서기관과 바리새인들이 겉으로는 너무 훌륭하고 하나님을 가장 잘 믿는 사람 같은데, 그들의 속은 말할 수 없이 더럽고 탐욕스럽고 이기적이고 교만합니다. 하나님이 가장 역겨워하는 유형의 사람입니다. 우리는 교양 있어 보이고 믿음이 좋아 보이고, 그렇게 겉으로 꾸미는 것에 신경을 많이 쓰지만, 하나님은 우리 마음의 중심이 어떠한지, 우리가 어떤 생각을 가지고 사는 사람인지를 보신다는 것입니다.

사도 바울이 그토록 조심하라고 당부한 것도 겉과 속이 다른 사람이 되는 것이었습니다.

하나님의 말씀이 임하는 순간 깨닫게 되는 것!

실제로 목회하면서 가장 다루기 어려운 사람이 바로 마음이 정직하지 못한 사람입니다. 이런 사람들은 대개 스스로 속습니다. 자신이 믿음이 좋다고 생각합니다. 다윗이 충신 우리아를 죽이고 그의 아내 밧세바를 취하는 엄청난 죄를 지었습니다. 그 후로도 1년 동안 다윗은 멀쩡히 잘 살았습니다. 아무런 죗값을 치르지 않고 양심의 가책도 전혀 느끼지 않았습니다. 하나님을 잘 믿는 왕으로 공의를 집행했습니다. 사악하고 탐욕스럽고 음란하였으면서 겉으로 성군(聖君)인 것처럼 지낸 것입니다. 다윗의 죄는 간음죄, 살인죄만이 아닙니다. 이 위선의 죄가 가장 큰 죄였습니다.

어느 날 나단 선지자가 와서 어느 부자가 가난한 사람이 사랑하며 기르는 유일한 암양 새끼를 빼앗아 자기 손님을 대접했다고 말했습니다. 그러자 다윗이 매우 분노하며 그 사람이 죽어 마땅하다고 했습니다.

여호와의 살아 계심을 두고 맹세하노니 이 일을 행한 그 사람은 마땅히

죽을 자라 삼하 12:5

이것을 보면 다윗 자신은 스스로 의롭다고 생각하고 있다는 것을 알 수 있습니다. 자신이 그런 죄를 지었다는 생각조차 할 수 없이 스스로 속는 것입니다. 이렇게 되는 것이 무서운 것입니다. 그 다윗에게 나단 선지자가 "당신이 그 사람이라"라고 지적할 때 다윗은 고꾸라졌습니다. 그 순간에 다윗의 눈이 열리면서 "내가 여호와께 죄를 범하였노라"라고 고백했습니다. 어쩌면 사람은 자기 마음이 어떤지 모르고 지냅니다. 겉만 멀쩡하면 다 괜찮은 줄 알고 살아갑니다. 그런데 성경을 보면 분명히 하나님께서 나단 선지자를 다윗에게 보내셨다고 했습니다.

여호와께서 나단을 다윗에게 보내시니 삼하 12:1

하나님의 말씀이 임하는 순간, 곧 살아 계신 하나님을 바라보는 눈이 뜨이자 비명을 지르고 고꾸라진 것입니다. 하나님께서 다윗을 보실 때 얼마나 역겨우셨을까요? 하나님은 다윗이 그렇게 사는 것을 도무지 견딜 수 없어서 나단을 다윗에게 보내신 것입니다. 하나님께서 보시는 것은 우리의 마음입니다.

나는 너희에게 이르노니 음욕을 품고 여자를 보는 자마다 마음에 이미 간음하였느니라 마 5:28

그 형제를 미워하는 자마다 살인하는 자니 살인하는 자마다 영생이 그 정말 두렵지 않습니까? 여러분, 신앙의 목표를 겉보기에 잘사는 것에 두지 말아야 합니다. 마음이 정직해지는 데 두어야 합니다. 우리 마음이 정직하면 세상에 두려울 것이 없습니다. 그러면 담대해집니다. 하나님은 살아 계시고 하나님이 심판하시는 하나님이시니까 걱정할 게 없습니다. 지나고 보면 하나님이 다 갚아주시고 옳게 처결해주시니 하나님께 찬양을 올려드릴 수 있는 것입니다.

내가 여호와께 그의 의를 따라 감사함이여 지존하신 여호와의 이름을 찬양하리로다 시 7:17

그러나 조금이라도 마음에 걸리는 것이 있다면 큰일입니다. 세상없이 두려워지고 사람들이 나를 손가락질하는 것 같고 그것이 하나님의 심판처럼 여겨집니다.

숨기고 사는 것이 두려운 일이다

여러분, 예수동행일기를 쓰시라고 하니까 마음이 드러나는 것을 두려워하시는 분들이 계신 것 같습니다. '어떻게 마음속에 있는 것을 다 일기에 쓰지?' 그것 때문에 걱정하는 분들이 있다면 판단을 잘하여야 합니다. 마음에 있는 것이 드러나는 게 두렵습니까? 아닙니다. 마음을 감추고 사는 것이 더 두려운 일입니다. 왜냐하면 결국 드러날 것이기 때문입니다. 여러분, 예수님을 영접하셨지요? 우리 마음에 오신 주님은 우리 속에 무엇이 있는지 다 아십니다. 예수님이 다 아시는데 사람들에게만 감춘다고 감춘 것입니까? 예수님을 마음에 영접했다면 여러분은 사람들에게 마음을 공개하는 것이 힘들거나 부끄러울 것이 없는 것입니다.

하나님은 빛이십니다. 하나님 앞에서는 평소에 우리가 알지 못하던 것, 보지 못하던 것까지 다 드러납니다. 우리가 하나님 앞에 단 1분만 서 있어 본다면 마음속에 있는 더러운 것 하나라도 다 없애고 살고 싶을 것입니다. 우리 속에 감춘 것을 숨기고 사는 것이 얼마나 두려운지 알아야 합니다. 다윗의 심정을 100퍼센트 이해하게 될 날이 올 것입니다. 다윗은 나단 선지자가 "당신이 그 사람이오" 하는 순간에 바로 죽는 줄 알았습니다. 하나님의 영광 앞에서 자기 속에 숨겨진 간음죄, 살인죄가 다 드러나버리고 말았기 때문입니다.

성도의 삶의 축복과 능력은 감추고 억누르는 것이 아니라 드러내고 나타내는 데 있습니다. 예수 믿는 것이 종교가 아니라고 하는 이유, 다른 종교와 다른 이유는 드러내도 좋은 삶을 살게 되기 때문입니다. 세상 사람들의 승리는 대부분 억누르는 것입니다. 내 속에 미운 마음이 있는데 그것을 억누르고 웃었으면 이겼다고 합니다. 싫어도 악수했으면 잘했다고 하고, 성질이 올라오고 교만이 일어나는데 그것을 누르고 고개를 숙이면 겸손해졌다고 합니다.

공자는 수신(修身)을 가르쳤습니다. 먼저 자기 자신을 계속 함양하고 억제하는 것입니다. 그래야 나중에 군자(君子)가 됩니다. 그런데 안타깝게도 그리스도인이면서 이런 식으로 사는 성도가 많습니다. 우리가 예수를 이 정도로 믿는다면 예수 믿는 것이 힘들고, 참기쁨이 없고, 육신의 병도 생깁니다. 매사 조심하고 또 조심합니다. 이런 신앙생활이 바로 율법적인 신앙생활입니다. 겉으로 경건의 모양은 있지만 실제로 아무런 경건의 능력이 없습니다. 왜? 아직도 진짜 예수를 믿는 게 아니니까 그렇습니다.

예수님을 마음에 영접하면 일어나는 일

그러나 진정으로 예수님을 믿으면 마음을 드러내고 또 드러냅니다. 전혀 억누르지 않아도 됩니다. 이제는 드러낼수록 좋습니다. 예수님이 자신의 마음에 오셨고 예수님이 마음의 왕이시기 때문입니다. 마음을 드러내면 드러낼수록 예수님이 나타나시는데 사람들이 자신의 마음을 안다는 것이 무슨 문제가 되겠습니까? 오히려 제발 내 마음을 좀 알았으면 좋겠다고 하는 것이 예수 믿는 자의 솔직한 심정입니다. 정말 그럴 수 있겠습니까? 네. 예수님을 마음에 영접하면 됩니다.

볼지어다 내가 문 밖에 서서 두드리노니 누구든지 내 음성을 듣고 문을 열면 내가 그에게로 들어가 그와 더불어 먹고 그는 나와 더불어 먹으리 예수님이 정말 우리 마음속에 들어오시면 우리 마음은 순간에 정리가 됩니다. 마음을 열어도 부끄러울 게 없습니다. 바쁘다, 피곤하다 하며 집안 치우는 일을 미루다가 언제 치우게 됩니까? 목사님이 심방 온다고 하면 그 전날 밤을 새더라도 치우게 되지 않습니까. 집을 열면 집이 치워지는 것입니다. 마음도 마찬가지입니다. 마음을 열면 주님이 오시고 우리 마음이 정리됩니다. 예수님을 정말 마음에 모셨다면 마음이 정리되는 것이 당연합니다. 여러분의 마음을 공개할 수 없다면 예수님도 모셔 들이지 않은 상태입니다. 그것이 핵심입니다. 결국 우리가 마음이 정직한 사람이 되는 것은 주님이 하시는 일입니다.

삭개오는 마음이 얼어붙은 사람이었습니다. 그는 불의하게 돈을 벌었지만 그것 때문에 괴로워하지 않았습니다. 자신이 하는 일에 대하여 당당했고 더 가혹하게 했습니다. 양심이 살아 있다면 견디지 못했을 텐데 그는 자신의 잘못을 전혀 깨닫지 못했습니다. 그런 그가 변했습니다.

삭개오가 서서 주께 여짜오되 주여 보시옵소서 내 소유의 절반을 가난한 자들에게 주겠사오며 만일 누구의 것을 속여 빼앗은 일이 있으면 네 갑절이나 갚겠나이다 눅 19:8

누가 삭개오에게 이렇게 하라고 말한 적이 있습니까? 예수님도 그의 악행에 대하여 한마디도 말씀하지 않으셨습니다. 그러면 무엇이 삭개오로 하여금 자신의 죄를 깨닫게 했을까요? 예수님이 오셔서 예수님을 그의 집에 모시고 난 다음 삭개오는 양심이 살아나고 그 영이 깨어나 죄가 죄인 줄 알고, 더러운 게 더러운 줄 알게 되었습니다. 깨끗하게 정리된 것입니다. 주님이 우리 마음에 오셨으니 예수님을 24시간 바라보게 되면 우리에게도 삭개오와 같은 일이 일어납니다.

내 마음에 오신 예수님을 항상 바라보는 믿음

제가 예수님을 인격적으로 체험하고 마음에 영접한 후 저는 다시는 죄를 짓고 싶지 않았습니다. 또 실제로 죄를 짓지 않게 될 줄 알았습니다. 저는 겉으로는 큰 죄를 지은 기억이 없고 모범적이고 성실하다는 평가를 받았습니다. 그러나 예수님을 영접할 때 알았습니다. 제가 마음으로는 정말 더럽기 짝이 없고 추악한 죄인이라는 것을 말입니다. 그래서 거듭날 때, 저는 마음의 죄도 짓고 싶지가 않았습니다.

그런 애통함으로 하나님께 회개하고 다시는 마음의 죄도 짓지 않겠다고 결단했지만, 절망적이게도 제 안에 죄는 여전하였습니다. 욕심, 교만, 불순종, 하나도 달라진 것이 없었습니다. 이기심, 판단, 정욕, 자랑, 나태함, 죽고 싶은 생각, 죽이고 싶은 생각, 슬픈 생각, 자기 연민, 온갖 음란한 생각 등은 계속되었습니다. 저는 저 자신에 대한 심한 좌절감에 빠졌습니다. 요한일서 5장 18절 말씀을 읽고 더욱 절망했습니다.

하나님께로부터 난 자는 다 범죄하지 아니하는 줄을 우리가 아노라 …
요일 5:18

여러분은 겉으로는 존경받는 목사이지만 마음으로 죄를 품고 사는 내적 고통을 이해하지 못할 것입니다. 성도들은 저를 목사로 존경해주는데, 제 실상은 추하고 더럽기가 짝이 없으니 제가 완전히 사기꾼 같았습니다. 얼마나 괴로워서 몸부림치며 많이 울었는지 모릅니다. "나는 과연 예수님을 바로 믿는 것인가? 나는 정말 거듭났는가?" 그런데 요즘 하나님께서 제 기도를 들어주셨음을 깨닫습니다. 도무지 이길 수 없던 마음의 죄를 이기게 해주시기 때문입니다.

부끄럽지만 지난 1997년 5월 13일자 저의 일기를 공개합니다.

오늘은 깊은 좌절의 날이다. 또 죄에 넘어졌다. 나는 언제나 하나님 앞에서 마음이 정결함을 얻고 승리할 수 있을까? 정결함을 얻는 것이 노력해서 되는 것이 아니라 믿음으로 된다는 말씀을 의지해본다. 너무 뻔뻔하지만 믿음으로 고백한다. "예수 그리스도가 나의 정결함이다. 나는 죽고 예수님만 내 안에 사신다. 나는 실패하지만 예수님 안에서 승리한다." 이렇게 고백하니 나의 마음은 슬프고 낙심스럽지만 내 영은 승리를 노래한다. 사탄은 물러가라! 지금도 예수님은 나의 왕이시다. 나의 육신과 사탄은 내가 더 이상 가망이 없다고 말한다. 그러나 나의 믿음은 나에게 여전히 예수 안에서 승리를 고백하라고 한다.

그때 저는 십자가의 복음을 분명히 믿었습니다. 그런데도 제 마음속에 있는 죄는 해결되지 않았습니다. 실제 제 삶은 엉망이었습니다. 그러나 진리는 "나는 죽고 예수로 산다"고 하니 그것을 고백하면서 다시 일어났었습니다. 이 일기를 읽으며 많은 생각을 했습니다. 그 당시에 이토록 몸부림쳤지만 계속해서 죄에 넘어졌던 이유는, 예수님이 정말 제 안에 계신다는 것을 깨달았을 뿐, 예수님을 항상 바라보는 믿음을 가지고 있지 못했기 때문이었습니다. 그런데 지금은 정말 달라졌습니다. 예수님을 24시간 바라보는 눈이 뜨이기 시작하면서 예수님이 정말 저와 함께하심이 믿어지고, 죄의 생각은 끊임없이 일어나지만 마음에 죄가 자리 잡지 못하는 삶을 누리고 있습니다.

… 하나님께로부터 나신 자가 그를 지키시매 악한 자가 그를 만지지도 못하느니라 요일 5:18

항상 예수님을 생각하며 살게 되니, 비로소 악한 자가 나를 만지지도 못한다는 말씀이 무슨 의미인지 깨달아졌습니다. 저만 그런게 아닙니다. 저도 깜짝 놀랐습니다. 교회 안에 예수님을 바라보면서 예수동행일기를 쓰기 시작한 것이 얼마 되지 않았는데도, 주님이 교인들의 마음과 생각을 정결케 하시는 역사를 이루시는 것을 알게 된 것입니다.

마음이 정직해지는 일, 주님이 하십니다

어떤 교우 한 분의 예수동행일기입니다.

매일 매 순간 기도와 대화를 통해 예수님께서 내 마음에 항상 임재하여주심을 감사드립니다. 반복되는 죄와 넘어짐과 무너지는 삶이었는데, 주님만을 24시간 바라보면서 죄에서 풀려나고 일어서고 세워지는 삶으로 변화되어 감사합니다. 지난 일주일 동안은 자녀들과 아내와 제가 거의 24시간 함께 있었습니다. 예전 같았으면 하루하루가 힘들고 짜증나고 화내기 일쑤였을 것입니다. 그러나 지금은 전혀 그렇지 않았습니다. 자녀들과 24시간 함께 있는 것이 즐겁고 행복합니다. 아내와 함께 지내는 시간도 행복하고 평안합니다. 아내가 요즘 제가 많이 변한 것 같다고 합니다.

이분은 그 해에 실직하신 분입니다. 그런 분이 이런 고백을 하고 계십니다. 또 다른 분이 이런 글도 올렸습니다.

예수님을 생각에서 놓치는 순간 불평이 찾아오고 슬며시 미움이 생기는 것을 발견합니다. 예수님, 제가 한순간도 마음에서 생각에서 주님을 놓치지 않도록 저 좀 꼭 붙잡아주세요. 어제는 동생과 좀 다투었습니다. 그런데 예배를 드리러 가는 도중 주님이 '사랑받은 자처럼 하라'는 말씀을 주셨습니다. 화가 났던 동생의 모습이 주님 앞에 있는 제게도 있음을 깨닫게 하셨습니다. 이제는 주님이 원하시지 않는 감정들이 마음속에 머물지 못하고 떠나가는 것을 봅니다.

여러분, 누군가 "나는 정결합니다", "나는 마음이 정직합니다" 이렇게 말한다면 그는 틀림없이 거짓말쟁이거나 교만한 사람일 것입니다. 그러나 예수님을 정말 마음에 모시고 사는데 여전히 마음에 죄와 더러운 것과 악한 것을 품고 산다는 것도 불가능하다는 사실도 인정해야 합니다.

우리 마음이 정직할 수 있을까요? 우리의 노력으로는 안 됩니다. 주님이 해주십니다. 우리가 정말 십자가의 복음을 믿고, 예수님이 마음에 거하심을 정말 믿고, 24시간 예수님을 바라보며 살고 싶어서 매일매일을 점검하는 일기를 써보면 스스로 놀라게 됩니다. 마음이 정직해지면 세상이 두렵지 않습니다. 마치 세상이 다 바뀐 것처럼 보입니다. 주님이 함께하심이 너무나 분명히 믿어지기 때문입니다. 십자가 안에서 주신 이 엄청나고 놀라운 은혜가 여러분의 심령 속에 임하게 되기를 축복합니다.

8

예수님과 동행하는
행복한 여행

은혜가 충만한 사람의 마음은 어떨까요? 그것을 가장 잘 표현해준 성경 중의 하나가 시편 8편입니다.

여호와 우리 주여 주의 이름이 온 땅에 어찌 그리 아름다운지요 주의 영광이 하늘을 덮었나이다 시 8:1

1절에서 다윗은 놀라운 고백을 합니다. 누구나 자연을 보며 감탄하게 마련입니다. 그렇지만 누구나 다윗처럼 자연에서 하나님의 이름과 영광을 보는 것은 아닙니다. 다윗은 온 땅에 주의 이름이 기록된 것, 하나님의 영광이 하늘에 덮여 있는 것을 보았다고 합니다. 정말 다윗은 그 영광을 보았을까요? 그럴 리 없다는 분도 있을 것입니다. 시적인 표현이거나 신앙적인 고백일 거라 여기는 분도 계실 것입니다. 그러나 성령의 역사를 실제로 체험한 사람은 다윗이 말하는 것이 무엇인지 공감할 것입니다. 하늘을 보아도, 땅을 보아도, 나무나 풀 한 포기마저 전혀 다르게 보인다는 것입니다. 하나님을 바라보는 눈이 뜨이고 나니 세상을 보는 눈이 열린 것입니다. 세상이 달라졌다고 표현하지만 엄밀히 말하면 하나님이 만드신 우주 만물이 정확히 보이기 시작했다는 말입니다.

인간의 경이로움

인류 최초로 유인 우주선을 타고 지구를 비행한 소련의 우주비행사 유리 가가린이 우주를 다녀온 소감으로 "지구는 푸르다. 우주 어디에도 하나님은 없었다"라고 했습니다. 그 후 미국인 최초로 우주 비행에 성공한 글렌 중령은 기자회견에서 "온 우주에 하나님의 영광이 가득하였다"라고 했습니다. 똑같은 우주를 보고 어쩌면 이렇게 다르지요? 영적인 눈이 다르기 때문입니다. 한 사람은 영적인 눈이 멀었고, 다른 한 사람은 영적인 눈이 뜨였기 때문입니다.

　평범한 사람의 눈으로 보면 우주가 경이롭습니다. 상상할 수 없을 만큼 크고 측량하기가 어렵습니다. 웅장한 자연을 보면 감탄하게 되는데 그럴수록 사람은 초라해지고 볼품이 없어 보입니다. 우주에 비교하면 지구는 점이라고 할 수도 없을 정도이니, 한 사람의 존재는 무시될 정도입니다. 그러나 영적인 눈이 뜨이면 자연과 우주보다도 사람에 대해서 더 경탄하게 됩니다.

주의 손가락으로 만드신 주의 하늘과 주께서 베풀어 두신 달과 별들을 내가 보오니 사람이 무엇이기에 주께서 그를 생각하시며 인자가 무엇이기에 주께서 그를 돌보시나이까 시 8:3,4

다윗은 우주보다 사람이 더 위대함을 알았습니다. 이것은 전적으로 하나님의 계시로 알게 된 것입니다. 창세기를 통하여 우리는 인간이 하나님의 형상으로 귀하게 창조되었음을 알게 됩니다. 하나님이 계시해주시지 않았다면 사람이 그렇게 소중한 존재인지, 하나님이 사람을 그토록 사랑하시는지 알 수 없을 것입니다.

그를 하나님보다 조금 못하게 하시고 영화와 존귀로 관을 씌우셨나이다 시 8:5

하나님과 늘 동행하였던 다윗은 이 우주도 하나님께서 사람을 위해 만드셨다는 것을 알았습니다.

주의 손으로 만드신 것을 다스리게 하시고 만물을 그의 발 아래 두셨으니 곧 모든 소와 양과 들짐승이며 공중의 새와 바다의 물고기와 바닷길에 다니는 것이니이다 시 8:6-8

믿어야 산다!
다윗은 하나님이 창조하신 세상만 보고도 사람을 향한 하나님의 사랑에 감탄하고 감격하였습니다. 그런데 우리는 우리를 향한 하나님의 사랑에 대한 그보다 더 엄청난 증거를 가지고 있습니다.

하나님께서 우리를 얼마나 사랑하시는지 믿어지지 않을 정도입니다. 이 말을 자주 들은 분들은 무덤덤하게 느낄 수도 있지만, 이 진리를 안다는 것이 얼마나 중요한지 모릅니다. 하나님은 살아 계시고, 죄로 인하여 타락한 우리를 위해 아들을 보내주셨고, 십자가에서 대신 죽게 하시기까지 우리를 사랑하셨다는 메시지는 오직 성령의 역사로만 믿어집니다. 이 말씀이 깨달아지고 믿어지는 것은 너무나 놀라운 일입니다.

1966년 11월 어느 여자대학에 다니던 한 자매가 기숙사 굴뚝에 올라가서 투신자살을 하였는데 그의 유서에 이렇게 적혀 있었다고 합니다. "당신은 무엇입니까? 나는 아무것도 아닙니다. 그럼 죽어야지요." 아무것도 아닌 존재라면 살 이유가 뭐가 있습니까? 어렵게 공부하고 힘들게 살아갈 이유가 없으니 차라리 빨리 죽는 게 낫다는 것입니다. 복음을 알지 못하고 진리를 알지 못하는 사람은 인생을 이렇게 끝내버립니다.

중학교 3학년 학생이 자기가 살던 고층 아파트에서 떨어져 자살했습니다. "아버지 어머니, 저는 먼저 갑니다. 저는 아버지 어머니가 원하는 인문계 고등학교에 진학할 수가 없어 부모님 뵐 면목이 없기에 이 세상을 떠납니다." 이 학생의 아버지는 중소기업 사장이고 어머니는 약사였습니다. 그들은 지식인이었고 그래서 아들도 공부를 잘해서 적어도 인문계 고등학교에 가기를 원했습니다. 그렇지만 그 학생은 자신의 존재가 오직 성적으로 평가된다는 사실에 좌절하여 자살하고 만 것입니다.

왜 그렇습니까? 세상을 창조하신 하나님께서 자신을 인정하시고 사랑하신다는 사실을 전혀 몰랐기 때문입니다. 하나님은 살아 계시고, 온 우주 만물보다 사람을 더 사랑하시고, 우리 자신을 존귀하게 만드셨다는 사실을 믿었다면 성적 때문에 죽을 이유가 전혀 없습니다. 여러분, 복음은 그냥 듣고 스쳐 지나갈 내용이 아닙니다. 우리가 진리를 정확히 알고 영적인 눈이 뜨여야 비로소 모든 것이 올바로 이해되고 정확히 판단이 되고 나아갈 길이 보입니다.

주님만 바라보는 그때가 가장 행복하다

한번은 장로 수련회의 주제를 '예수님과 동행하는 행복한 여행'이라고 정했습니다. 주제를 그렇게 정하였으니 정말 행복한 수련회가 될 줄 알았습니다. 그러나 첫날부터 문제가 생겼습니다. 제주도로 향하는 비행기가 30분 늦게 출발하면서부터 조짐이 수상하더니 제주도에 눈이 많이 와서 버스가 한라산 중턱쯤에서 눈에 빠져 오도 가도 못하는 신세가 되었습니다. 간신히 저녁 식사할 장소에 도착하니 밤 10시가 넘었고, 자정이 넘은 시간에 숙소에 들어갔으니 행복한 여행과는 거리가 먼 출발 같았습니다.

둘째 날 올레길을 걸을 때는 첫째 날과는 달리 온화하고 화창한 날씨여서 하나님께 절로 감사가 나왔습니다. 정말 예수님과 동행하는 행복한 여행이라 할 만한 날이었습니다. 그런데 순간, 예수님과 동행하는 행복한 여행은 오늘같이 날씨가 좋은 날이 아니라 어제처럼 고생한 날이라는 생각이 들었습니다. 그 순간 주님이 주신 마음인 것 같아 "아멘" 하였습니다. 날씨가 좋으니까 정말 행복했습니다. 바다도 아름답고, 올레길을 걸으며 보이는 제주도의 풍광도 너무 멋지고, 함께 걷는 장로님과 권사님들도 다들 즐거워하셨습니다.

그런데 예수님께 감사하면서도 너무나 둘러볼 것이 많아서인지 예수님만 바라보기가 어려웠습니다. 하지만 어젯밤에는 정말 예수님만 바라보았고 한마음으로 기도했습니다. 밤 10시까지 고생이 심했지만 모두 불평 한마디 없었고 밤이 늦었지만 저녁 식사도 할 수 있었고 좋은 숙소에서 편히 하룻밤을 잘 수도 있었습니다. 그리고 아침에 만나니 다들 천국에서 하룻밤을 보낸 느낌이라고 하였습니다.

주님을 바라보는 그때가 주님과 동행하는 행복한 여행입니다. 관심을 끄는 것이 많아 어느 순간 주님을 잊어버리게 되었다면 영적으로는 위험한 상태에 있는 것입니다. 그래서 주님께 고백했습니다. "주여, 그렇습니다. 앞으로 좋은 환경보다 궂은 환경이 예수님과 동행하는 더 행복한 여행임을 명심하겠습니다!" 주님을 바라보는 눈이 뜨여야 비로소 우리가 겪고 있는 일이 무슨 일인지, 우리가 만나는 사람이 어떤 사람인지 정확히 판단할 수 있게 됩니다.

우리의 처음 사랑, 처음 행위

요즘 교회 안에 파고드는 이단으로 인하여 마음이 힘듭니다. 성도들을 이단의 미혹으로부터 지키는 일이 너무나 중요해졌습니다. 그러나 이단보다 더 큰 위험이 교회 안에 있습니다. 이단을 막아야 한다는 생각 때문에 서로 의심하는 것입니다. 사랑을 잃는 것이 이단보다 더 무섭다는 것을 알아야 합니다.

> 내가 네 행위와 수고와 네 인내를 알고 또 악한 자들을 용납하지 아니한 것과 자칭 사도라 하되 아닌 자들을 시험하여 그의 거짓된 것을 네가 드러낸 것과 또 네가 참고 내 이름을 위하여 견디고 게으르지 아니한 것을 아노라 계 2:2,3

예수님께서 에베소교회 교인들이 진리를 수호하기 위해 애쓴 것을 인정하고 칭찬하셨습니다. 그런데 4,5절에 가면 말씀의 분위기가 달라집니다.

> 그러나 너를 책망할 것이 있나니 너의 처음 사랑을 버렸느니라 계 2:4

여기서 '처음 사랑'이란 원어의 의미로 "아가페 사랑"을 뜻합니다. 하나님께서 우리를 위해 독생자를 내어주신 사랑, 예수님이 우리를 위해 십자가에 죽으신 사랑, 성도들의 가슴에 그 사랑이 있습니다. 그 사랑으로 모든 이들을 사랑하라는 것입니다. 그런데 예수님을 믿으면 누구나 다 갖게 되는 그 사랑을 에베소교회가 잃어버렸습니다. 왜 그렇습니까? 이단을 막아야 하고 아무나 믿으면 안 된다고 생각하니 그렇게 된 것입니다.

그러므로 어디서 떨어졌는지를 생각하고 회개하여 처음 행위를 가지라 만일 그리하지 아니하고 회개하지 아니하면 내가 네게 가서 네 촛대를 그 자리에서 옮기리라 계 2:5

사랑을 잃어버리면 더 큰 것을 잃어버리는 것입니다. 사랑을 잃어버리면 모든 것이 다 허사입니다. 여러분, 행복하십니까? 세상이 아름답게 보이세요? 사람들이 사랑스러운가요? 그러면 여러분은 지금 정상적으로 예수님을 잘 믿고 있는 것입니다. 그런데 어느 순간 충만함이 사라지고 다시 짜증이 나고, 세상이 답답하고, 사람들이 미워진다면 세상 때문입니까? 환경 때문입니까? 사람 때문입니까?

아닙니다. 우리 마음이 변했기 때문입니다. 24시간 예수님을 바라보는 믿음이 왜 중요합니까? 우리가 행복하고 세상이 아름답게 보이고 사람들이 사랑스럽게 여겨지는 역사는 예수님으로부터 오기 때문입니다. 사도 바울이 누누이 말했습니다.

주 안에서 항상 기뻐하라 내가 다시 말하노니 기뻐하라 빌 4:4

항상 기뻐하라는 말은 항상 기쁠 수 있다는 것입니다. 항상 기쁘다는 것은 항상 성령 충만하다는 뜻입니다. 부흥회 때나 성령의 역사를 체험할 때만이 아닙니다. 우리는 정확한 하나님의 계획을 알아야 합니다. 우리는 은혜를 받았다가 식었다가 다시 은혜를 회복했다가 또 식었다가를 반복해서는 안 됩니다. 우리는 한결같이 충만한 은혜를 누리며 살 수 있습니다. 어떻게 그럴 수 있습니까? 언제나 주 안에 있는 것입니다. 24시간 예수님을 바라보는 것입니다.

영원한 동행하심

… 이 물을 마시는 자마다 다시 목마르려니와 내가 주는 물을 마시는 자는 영원히 목마르지 아니하리니 내가 주는 물은 그 속에서 영생하도록 솟아나는 샘물이 되리라 요 4:13,14

예수님께서 영원히 목마르지 않는 샘물이 되어주겠다고 하셨습니다. 충만한 은혜, 기쁨의 역사는 주님이 주시는 것입니다. 우리는 예수님으로 인하여 기쁘고 행복하고 충만합니다. 그 은혜로 세상을 변화시키고 사람들을 사랑하고 섬기는 것입니다. 그러려면 항상 함께하시는 예수님을 바라보는 것이 열쇠입니다.

2009년 안식월을 처음 가졌을 때, 저는 교회 사역의 짐을 다 내려놓고 24시간 예수님을 바라보는 생활을 해보았습니다. 새벽부터 밤에 잠자리에 들 때까지 성경 보고 기도하고 주님을 묵상하고 또 경건서적을 읽으며 주님께 순종하는 삶을 한 달 동안 살아보았습니다. 그때는 매일매일이 은혜가 충만했습니다.

그런데 안식월을 마치고 돌아와 다시 교회 사역에 복귀하자 점점 바빠지면서 충만함이 식어지고 피곤하고 지쳐갔습니다. 그때 '아, 안식월을 또 가졌으면 좋겠다' 하는 생각이 저절로 들었고 안식월이 기다려졌습니다. 목회를 그만두고 예수님만 바라보며 살면 좋겠다는 생각도 들었습니다. 그러다가 안식월에만 예수님과 동행할 수 있다면 정상이 아니라는 생각이 들었습니다. '내가 주는 물은 그 속에서 영생하도록 솟아나는 샘물이 되리라고 하신 주님의 약속은 항상 함께 계셔서 기쁨으로 살게 해주신다는 건데, 왜 지금 여기서는 안 되는가? 여기서 안 되면 휴가 가서 된다는 것도 가짜구나. 속는 거구나' 하고 깨달아졌습니다.

그래서 그때부터 24시간 예수님을 바라보는 믿음의 실험을 시작하였습니다. 그리고 그것을 점검하는 일기를 쓰기 시작했습니다. 그런데 그 결과가 너무 놀라웠습니다. 언제 어디서나 주님이 나와 동행하심을 알았습니다. 그 은혜를 경험하였기에 제가 전 교인들에게 그것을 권하는 것입니다.

더 큰 하나님의 계획

여러분, 우리가 세상을 살다보면 편하고 좋은 일만 생기는 것이 아니라 고통, 환난, 역경, 풍파를 만나게 됩니다. 그래도 기뻐하며 살 수 있는 힘이 예수님을 바라보는 데서 나오는 것입니다. 환경이 악화되어도 형편이 나빠져도 괜찮습니다. 주님이 그 모든 상황을 보는 눈을 새롭게 열어주십니다. 예수님이 우리 마음에 오신 것은 우리가 이 놀라운 은혜를 누리며 살게 하기 위해서입니다.

이런 은혜를 누리고 계신다면 정말 축하드립니다. "목사님, 저 요즘 너무 좋아요", "정말 주님과 함께 늘 사는 것 같아요", "제 마음이 달라졌어요", "생각도 달라졌어요", "그렇게 기쁠 수가 없어요" 그렇다면 너무너무 잘된 것입니다. 주님은 그것 때문에 오셨습니다. 그런데 꼭 한 가지 더 점검해보시기 바랍니다. 주님의 계획은 거기서 머물지 않습니다. 우리 안에 오신 주님의 뜻은 세상도 달리 보이고 사람이 사랑스러워지는 이 놀라운 은혜가 우리를 통하여 다른 사람에게도 전해져서 그들도 예수님을 믿고 구원받게 하시려는 것입니다.

그러니까 이것까지 확인하셔야 합니다. 아직 예수님을 믿지 않는 이들이 우리의 변화된 모습을 보면서 예수님을 향하여 마음이 열렸느냐 하는 것입니다. 믿지 않는 남편과 아내, 부모와 자녀가 예수님을 모시고 사는 여러분을 통해 하나님의 사랑을 경험하고, 산다는 것이 이토록 기쁘고 행복한지 몰랐다고 고백하십니까? 여러분을 통하여 주변에 있는 모든 이들에게 하나님의 은혜가 흘러

가는 것이 하나님의 계획입니다.

저는 이 설교를 준비하던 지난 금요일, 큰 갈등을 겪었습니다. 성령 집회 설교와 주일 설교 준비에 전념해야 할 때 예정에 없던 선교사 부부가 저를 만나러 왔다는 연락을 받은 것입니다. 약속이 되어 있지도 않았고 만날 시간을 낼 수 있는 상황이 아니었지만, 만나지 않겠다고 말해서는 안 된다는 강한 느낌이 들었습니다. "주님, 만나라고 하시는 것입니까?" 기도하면서 일단 순종하기로 했습니다. 떠오른 영감에 대하여 메모지에 재빠르게 기록한 다음 나가보니, 저를 찾아오신 분들은 중국 조선족 지하교회 목사님 부부였습니다.

그런데 저를 보자마자 왈칵 눈물을 보이셨습니다. 저를 만나보고 싶어서 무작정 찾아왔지만 진짜 만날 수 있으리라 생각하지 못했다고 했습니다. 만나서 딱히 무엇을 하자는 것도 없이 한국에 가면 그저 만나보고 싶었다고 하십니다. 도대체 제가 뭐라고 저를 보고 울기까지 하는지 당황스럽기 그지없었습니다. 중국 지하교회에서 목사가 된다는 것은 세상의 행복을 다 버렸다는 말인데, 더욱이 티벳에 가서 선교사역을 하신다니 이분들이 치렀을 희생이 얼마나 컸을까 하는 생각이 들었습니다. 한국에 처음 오신 이분들을 위해 같이 기도하고 제 책을 선물로 드리고 서점에서 필요한 책이나 테이프를 가져가시도록 해드렸습니다. 하나님이 정말 특별하게 만나게 하신 분들이었는데, 주님의 인도하심을 믿고 순종하지 않았더라면 저는 그런 분이 가까이 왔었는지도 모르고 지나갔을

뻔하였습니다.

나를 통해 흘러가는 은혜의 역사

그런데 그다음 날 토요일, 사역자들과 주일 일정을 점검하는 회의를 하다가 제 마음에 차지 않는 일이 있어서 사역자들에게 몇 가지 지적을 했습니다. 순간 분위기가 착 가라앉았습니다. 담임목사의 어려움은 모든 사람을 또 모든 상황을 좋게만 보아 넘길 수 없다는 것입니다. 지적해야 할 것은 지적해야 합니다. 그러니 회의가 항상 화기애애하게 마쳐지지 않습니다.

그때 금요일에 저를 찾아오신 중국 목회자 부부 생각이 났습니다. 주님께서 제게 '너는 그 중국 목회자 부부가 너를 보고 싶어 한 것만큼 부목사, 전도사들이 너를 보면 그렇게 기쁘고 감격스럽겠느냐? 기쁨의 존재이냐?'라고 물으시는 것 같았습니다. 주님께 드릴 말씀이 없었습니다. 그들에게 기쁨을 주는 담임목사이기는커녕 저 때문에 실망하고 섭섭해할 때가 많을 것 같았습니다.

목사님들과 함께 나누는 예수동행일기 나눔방에 장로 수련회 때의 일기를 올렸습니다. "이번 장로 수련회 중 장로님 부부들이 너무나 행복해 하였다. 다들 내가 변했단다. 담임목사가 24시간 예수님을 바라보니 장로 수련회가 너무 행복해졌단다. 지난날 나의 모습이 어떠했나 부끄럽고 미안했다. '내친김에 오늘 저녁 집회도 취소하고 아주 쉽게 해드려?' 하는 생각을 하다가 내가 너무 인기에 연연해서 오버하는 것 같아 부끄러웠다." 그랬더니 부목사 한 분이 댓글에 이렇게 썼습니다. "지난번에 월요일마다 남한산성 둘레길도 걸어보자고 하셨지요? 그때 담임목사님의 변화를 확인해야겠습니다." 마음이 뜨끔했습니다.

저의 큰 기도 제목은 주님의 놀라운 은혜가 저를 통해 다른 사람에게도 흘러가는 것입니다. 주님이 저를 통과해서 다른 사람을 만나시고, 주님이 하시려는 은혜의 역사를 저를 통하여 그에게 행하시는 것입니다. 혹시 여러분 주위 사람이 변하지 않습니까? 그것이 여러분을 힘들게 합니까? 그렇다면 그 사람을 탓하지 말고 자신이 정말 예수님을 온전히 바라보고 있는지 점검해야 합니다. 예수님께서 여러분을 통하여 그를 만나실 수 있도록 주님께 여러분을 온전히 드리고 있는지를 점검해보아야 합니다.

주님이 주시는 마음 vs 주님이 주시지 않은 마음

부산제일교회 청소년부 교사인 최진환 형제가 쓴 간증문을 보았는데 큰 은혜가 되었습니다. 전도사님과 함께 고등학교 앞에 전도를 나갔던 날의 일기입니다.

전도사님께서 한 남학생에게 전도지를 내밀었을 때 그 학생이 저희를 아래위로 훑으며 휙 돌아섰습니다. 예전 같았으면 화가 머리끝까지 치밀어 올랐을 일이지만, 그날 저는 그 학생의 눈을 보고 미안한 마음이 들었습니다. 왜 진작 안 오고 이제 왔느냐는 원망의 눈빛처럼 느껴졌습니다. 좀 더 일찍 오지 못한 마음에 너무 미안했습니다. 그 학생을 뒤로하고 저희는 가지고 간 전도지를 계속 나누어주었습니다. 대부분의 학생들은 감사하다는 인사까지 하고 웃으며 받아 갔습니다. 정말 기쁘고 은혜로웠습니다. 전도를 시작하길 잘했다는 생각이 들었습니다.

그렇게 전도를 하고 학교 옆에 주차해둔 차로 돌아와보니 차에 둔 지갑이 사라졌습니다. 누군가 지갑을 가져가고 지갑이 있던 자리에 저희가 나누어준 전도지를 놔두고 간 것입니다. 순간 너무 괘씸한 생각이 들었습니다. '좋은 일은 무슨, 이런 놈들에게 전도를 계속해야 하나' 하는 생각마저 들었습니다. 하지만 문뜩 지갑이 없어진 걸 알기 전까지 학생들을 정말 좋아했는데 지갑 때문에 마음이 무너진 것을 깨달았습니다. 학생들을 원망하는 마음은 주님이 주시는 마음이 아니라는 생각이 들었습니다. 좀 더 일찍 와서 복음을 전해주지 못한 것이 미안하다는 생각에 매주 빠지지 않고 학교 앞에 나와 전도하리라 마음을 바꿔 먹었습니다.

그 후 저는 매일 학교 앞으로 전도하러 갑니다. 저는 제 지갑을 가져간 학생이 누군지 모르지만, 제 지갑을 가져간 학생은 저를 알아볼 수 있을 것입니다. 그 학생은 내일도 전도지를 받아 갈 것입니다. 이렇게 끝까지 전도의 자리를 지키면 언젠가 그 학생의 마음도 녹을 것이라 믿습니다. 예수님께서 그 학생도 너무 사랑하신다는 사실에 학교 앞 전도가 더욱더 설렙니다. 우리는 내일 또 학교 앞으로 나갈 것입니다.

《아름다운 능력의 길, 예수》(예수전도단)의 저자 댄 바우만이 1997년 이란에 단기선교를 갔다가 간첩으로 몰려 억울하게 감옥에 갇혀 9주 동안 고문을 당했습니다. 그가 빨리 이곳에서 나가게 해달라고 기도했을 때 하나님께서 말씀하셨습니다. "내가 이 사람들을 어떻게 생각하는지 나에게 물어보려무나." 그러나 그는 하나님께서 그 사람들을 어떻게 생각하시는지 알고 싶지 않았습니다. 빨리 나가기만을 원했습니다. 그러나 하나님께서 워낙 분명히 말씀하셔서 하나님께 물었습니다. "하나님, 저를 말할 수 없이 폭행하고 고문하는 이 사람들을 어떻게 생각하십니까?" 그 질문이 끝나기가 무섭게 그의 마음속에 자신을 심문하던 사람들에 대한 사랑과 긍휼이 느껴지기 시작했습니다. 설명할 수 없는 일이었습니다. 주님은 그들을 위해 기도하게 하셨습니다.

그렇게 지옥과 같은 몇 주를 보내고 어느 날 감방에 쓰러져 있는데 밖에서 간수들이 하는 이야기가 들려왔습니다. "나는 기독교인들을 이해할 수 없어. 그들은 매를 맞고 죽는다는 것을 알면서도 왜 자꾸 오는 거지? 더 이상한 것은 우리가 그들을 죽이려고 하는데, 왜 우리를 위해서 기도하는지 이해할 수 없다는 거야." 그때 감방에 도청 장치가 되어 있었다는 것을 알았습니다. 그가 자신을 고문하던 간수와 이란을 위하여 하나님의 사랑을 품고 간절히 기도하는 것을 그들이 다 들은 것입니다.

그때 또 다른 간수가 이야기했습니다. "나는 기독교인들이 무엇을 믿고 있는지 좀 알아. 전에 한 번 들은 적이 있어" 하면서 예수 그리스도의 십자가 복음과 하나님의 사랑에 대해서 이야기하는 것입니다. 그들의 대화를 들으며 놀란 것은 그중 세 명이 예수를 영접했다는 것입니다. 자기들끼리 이야기하고 복음을 나누면서 '나도 저들과 같이 하나님의 사랑을 알고 싶어', '저 사람이 가지고 있는 믿음을 나도 갖고 싶어'라고 하는 것입니다. 그렇게 9주가 지나고 마지막 사형 판결을 받을 재판이 열렸는데, 판사는 그를 무혐의로 석방한다는 판결문을 낭독했다고 합니다. 여러분, 하나님을 바라보는 눈이 뜨이지 않았다면 어쩌면 댄 바우만은 가장 비참한 삶을 살았을지도 모릅니다. 24시간 예수님을 바라보면 모든 것이 바뀝니다. 항상 주를 바라볼 때 은혜의 눈도 열립니다.

여호와 우리 주여 주의 이름이 온 땅에 어찌 그리 아름다운지요 시 8:9

저절로 이렇게 고백하게 됩니다. 눈에 보이는 것에 속지 말고 진리의 말씀을 믿으시기 바랍니다. 예수님을 바라보면 세상이 달리 보입니다. 사람이 달리 보입니다. 인생 자체가 예수님과 동행하는 행복한 여행이 됩니다. 이제 정말 24시간 주님을 바라보는 삶을 살아보십시오. 서로 도와주십시오. 여러분의 삶 전체가 바뀌는 역사를 주님이 이루어주실 것입니다.

9

| 시편 9편 1-20절 |

세상을 이기는
단순한 믿음

안산제일교회를 담임하셨던 고훈 목사님의 간증 중에 어느 할머니 집사님에 대해 말씀을 인상 깊게 들은 적이 있습니다. 주일예배를 마치고 인사를 나누는데 그 집사님이 작은 선물을 건네시며 "목사님, 지난 10년 동안 목사님을 통해 은혜 많이 받았습니다. 또 목사님께서 10년 동안 안수기도 해주셔서 심장병을 고침 받았습니다. 그런데 이제는 자녀들의 집으로 가야 해서 이렇게 인사를 드립니다"라고 하더라는 것입니다.

'나는 안수기도를 한 적이 없는데…' 10년 동안 안수기도를 받고 심장병을 고쳤다는 집사님의 말에 의아해하며 목사님은 "집사님, 제가 언제 10년 동안 안수기도를 해드렸습니까?"라고 물었습니다. 그러자 그 집사님 말씀이 자기가 목사님의 안수를 받으면 병 고침을 받을 것 같은데 매주 안수기도를 해달라고 할 수는 없어서 주일예배 후 목사님을 만나 인사를 나눌 때 한 손은 목사님의 손을 잡고 다른 한 손은 자기 가슴에 얹고서 그것을 안수라 믿었다는 것입니다. 그렇게 10년 동안 매주 목사님으로부터 안수기도를 받아 병이 나았으니 너무나 감사하다고 한 것입니다.

시편 9편

믿음은 정말 단순한 것입니다. 아니 믿음은 단순해야 능력이 있는 것입니다. 시편 9편은 너무나 단순하면서도 강력한 믿음의 사람 다윗의 고백입니다.

> 내가 전심으로 여호와께 감사하오며 주의 모든 기이한 일들을 전하리
> 이다 시 9:1

다윗은 아주 놀라운 간증을 하겠다고 합니다. 다윗이 기이하고 놀라워서 간증하고 싶다는 일들의 내용은 크게 세 가지입니다. 하나는 시편 9편 3절부터 8절까지 하나님은 악인을 반드시 심판하신다는 것입니다. 9절부터 12절까지 하나님은 하나님의 이름을 알고 전심으로 하나님을 의지하고 하나님을 찾는 자를 반드시 만나주시고 응답하신다는 것입니다. 그리고 18절부터 20절까지 하나님은 가난하고 궁핍한 자들을 반드시 구원해주신다는 것입니다.

그런데 다윗의 이 고백이 별 감동이 안 되는 분들이 있을 것입니다. 솔직히 실망스러울 수도 있습니다. 이것이 무슨 기이한 일입니까? 이것을 기이하다고 말하는 다윗이 유별난 것 아닙니까? 하지만 다시 한번 생각해보시기 바랍니다. 여러분이 진짜 하나님은 살아 계시고, 하나님은 분명히 심판하시고, 그 하나님은 하나님을 찾는 자에게 반드시 응답하시고, 하나님은 가난하고 궁핍한 자를 반드시 구원해주신다는 것을 '진짜' 믿는다면 인생이 얼마나 놀라워

질까요? 고민하고 갈등하고 두려워하고 염려할 것이 무엇입니까? 이제부터 하나님 말씀대로 하나님이 기뻐하시는 뜻대로 살기만 하면 되지 않겠습니까? 힘들고 어려운 일이 많더라도 결국은 죄와 악은 하나님께서 반드시 심판하시고, 하나님의 뜻대로 사는 사람은 하나님께서 반드시 복을 주실 테니 그야말로 방황 끝이 아니겠습니까? 세상 살기가 너무 단순하고 행복하고 기쁠 것입니다. 이제는 정말 사랑만 하며 살면 되는 것입니다.

그런데 하나님이 살아 계시고, 하나님이 심판하시고, 하나님을 찾는 자에게 반드시 응답하시고, 가난하고 궁핍한 자를 건지시는 것도 다 믿는다면서 왜 그렇게 고민이 많을까요? 왜 그렇게 갈등이 많습니까? 왜 살기 힘들다, 혼란스럽다, 우울하다, 죽고 싶다고 할까요?

하나님의 말씀을 알아도 실제로 믿는 것이 아니기 때문입니다. 정말 믿으면 인생은 너무 분명하고 아주 간단합니다. 죄짓지 않고, 하나님이 하지 말라는 것은 하지 않고 하나님이 하라는 대로만 하면 인생을 잘 사는 것입니다. 하나님의 말씀을 정말 믿는 자는 "그래, 맞아. 이것이 정말 기이한 일이구나!"라고 화답할 것입니다.

교회에서 예배를 마치고 집에 갈 때 집을 찾아가야 하기 때문에 갈등하고 염려하는 분이 계십니까? 날이 춥고 어두워지고 비바람이 불어서 힘들 수는 있겠지만 이 길인지 저 길인지, 잘 찾아갈 수 있을지 고민하거나 갈등하는 일은 없을 것입니다. 집에 가는 길은 이리 훤한데, 인생은 왜 그렇게 살지 못하는 것일까요? 집에 가는 길은 수도 없이 가보았기 때문입니다.

그런데 인생 길은 믿음으로 살아본 적이 별로 없는 것입니다. 하나님의 뜻대로 살아보니 되더라, 하나님의 뜻대로 사는 길이 잘 사는 길이더라 하는 경험이 너무 적으니까 갈등과 고민이 많은 것입니다. 거듭 말하지만 믿음은 단순한 것입니다. 그래야 능력이 있고 세상을 이길 수 있습니다. 다윗의 이 단순한 확신이 엄청난 능력이라는 것을 알아야 합니다.

하나님의 이름을 알고 경험한 믿음

다윗은 형편이 좋은 때가 아니었습니다. 죽을 위기에 처해 있었습니다. 그런데도 다윗은 조금도 위축되지 않았습니다. 다윗의 믿음이 들어서 아는 믿음이 아니라 실제로 체험하여 얻은 믿음이었기 때문입니다.

> 여호와여 내게 은혜를 베푸소서 나를 사망의 문에서 일으키시는 주여 나를 미워하는 자에게서 받는 나의 고통을 보소서 시 9:13

다윗은 그냥 기도만 한 것이 아닙니다. 다윗에게는 앞으로 될 일이 환히 보였습니다. 다윗은 그 승리를 믿음으로 노래하고 선포하고 있는 것입니다.

여호와는 압제를 당하는 자의 요새이시요 환난 때의 요새이시로다

시 9:9

너희는 시온에 계신 여호와를 찬송하며 그의 행사를 백성 중에 선포할

지어다 시 9:11

궁핍한 자가 항상 잊어버림을 당하지 아니함이여 가난한 자들이 영원

히 실망하지 아니하리로다 시 9:18

오늘 우리가 가져야 할 믿음이 이것입니다. "알기는 다 아는데 나는 왜 사는 게 이렇게 힘들지?", "왜 내 눈에는 되는 길이 훤히 안 보이지?" 여러분, 그 차이를 알아야 합니다. 다윗은 어떻게 이렇게 단순 명확한 믿음을 갖게 되었을까요?

여호와여 주의 이름을 아는 자는 주를 의지하오리니 … 시 9:10

다윗은 자신이 하나님의 이름을 아니까 오직 주님만 의지할 수 있었다고 했습니다. 다윗처럼 여호와의 이름을 알아서 믿음이 생긴다면, 하나님의 이름을 아는데 다윗처럼 주님을 의지하지 못하는 사람이 많은 것은 무슨 까닭일까요? 사무엘하 22장에는 하나님께서 다윗을 모든 대적의 손과 사울 왕의 손에서 구원하시는 날에 다윗이 하나님께 드린 고백의 기도가 기록되어 있습니다.

다윗은 하나님에 대한 이름을 줄줄 읊고 있습니다. 그런데 이 고백은 단지 들어서 아는 지식에서 나온 것이 아니었습니다. 다윗 자신이 실제로 경험한 하나님입니다. 이 점이 중요합니다. 다윗은 하나님을 믿을 때 얼마나 놀라운 일이 일어났는지 수도 없이 경험한 사람입니다. 그렇기 때문에 문제가 생겼을 때 즉시 하나님을 의지하게 되고 하나님께서 놀라운 일을 행하실 것이 분명히 믿어진 것입니다.

내게 부족함이 없는 믿음

시편 23편은 유명한 성경입니다. 이 시편을 기록할 당시 다윗은 사울 왕의 시기를 받아 짐승처럼 들판이나 굴에서 살며 죽을힘을 다해 도망다니고 있었습니다.

여호와는 나의 목자시니 내게 부족함이 없으리로다 시 23:1

그는 이 고백을 시작으로 시편 23편을 썼습니다. 얼핏 읽으면 굉장히 여유 있는 사람이 쓴 시 같습니다. 그러나 사실 그는 사망의 음침한 골짜기를 다녔고, 원수와 맞닥뜨리는 살벌한 상황도 여러 번 겪었습니다. 그때마다 다윗은 잠잠히 묵상하였습니다. "여호와가 나의 목자시지!", "하나님이 나와 함께하시지!" 그리고 주저 없이 "내게 부족함이 없습니다!"라고 믿고 고백하고 노래했습니다. 다윗이 하나님을 아는 그 믿음을 금방 결론 삼았을 때 하나님께서 얼마나 좋아하셨을까요? 다윗은 그런 사람이었습니다. 그래서 하나님께서 그 믿음대로 정말 부족함이 없는 삶을 살게 해주셨던 것입니다. 문제는 우리도 그렇게 믿느냐는 것입니다.

사회에서 최고 엘리트라 인정받는 그리스도인들의 모임에 가서 설교했던 적이 있었습니다. 그들에게 "예수님을 믿으셨으니 부족함이 없으시지요?", "정말 행복하시지요?", "예수님 한 분이면 충분하시지요?"라고 질문했을 때 다들 어색하게 웃기만 하지 선뜻 "아멘" 하고 대답하지 못하는 것을 보았습니다. 그래서 말했습니다. "사실 우리는 다윗보다 더 큰 복을 받았습니다. 예수님은 우리를 위해 죽으셨어요. 지옥에 갈 자가 천국에 가게 되었고, 마귀의 종노릇하다가 이제는 하나님의 자녀가 되었습니다. 예수님이 우리 안에 오셔서 임마누엘 하고 계신데 무엇이 더 필요합니까?" 그랬더니 고개를 끄덕였습니다. 알고 있다는 말입니다. 그렇다면 "하나님 앞에 더 구할 것이 없습니다", "충분합니다", "정말 행복합니다"라고 할 것 같은데, 끝내 그 고백을 하지 못하는 것을 보고 안타까웠습니다.

이것이 다윗과 우리 믿음의 차이입니다. 우리는 다윗보다 더 큰 은혜를 받고도 부족함이 없다고 고백하지 못합니다. 반면 다윗은 하나님을 알고 그대로 믿었기 때문에 계속해서 하나님의 역사를 체험하였고 단순하고 명확한 믿음으로 어떤 어려움도 이길 수 있었습니다.

말씀이 내 마음에 들어올 때

> 너희가 내 안에 거하고 내 말이 너희 안에 거하면 무엇이든지 원하는 대로 구하라 그리하면 이루리라 요 15:7

이 말씀은 엄청난 약속입니다. 그러나 많은 성도들이 이런 기도를 체험하지 못하고 기도의 약속을 의심합니다. "너희가 내 안에 거하고 내 말이 너희 안에 거하면 무엇이든지 원하는 대로 구하라"는 엄청난 축복을 받고도 실제로 그 축복을 누리고 살 것이라는 믿음이 없습니다. 주의 말씀을 모르는 바 아니지만 말씀을 마음에 두지 않는 것입니다. 말씀을 아는 것과 믿는 것은 다릅니다.

저는 설교 열등감으로 괴로웠던 적이 있습니다. 왜 다른 목사님들처럼 설교를 못하는지 굉장히 힘들어하던 어느 날, 큐티 본문이 고린도전서 1장 27절부터 29절 말씀이었습니다.

그러나 하나님께서 세상의 미련한 것들을 택하사 지혜 있는 자들을 부끄럽게 하려 하시고 세상의 약한 것들을 택하사 강한 것들을 부끄럽게 하려 하시며 하나님께서 세상의 천한 것들과 멸시 받는 것들과 없는 것들을 택하사 있는 것들을 폐하려 하시나니 이는 아무 육체도 하나님 앞에서 자랑하지 못하게 하려 하심이라 고전 1:27-29

물론 이미 아는 말씀이었습니다. 하지만 그 말씀이 제 마음에 들어오지 않았습니다. 그래서 큐티가 되지 않았습니다. 제 속에 있는 믿음은 하나님의 말씀과 달랐습니다. 하나님도 이왕이면 잘난 사람, 유능한 사람을 쓰실 거라고 믿고 있었던 것입니다. 하나님의 말씀은 분명히 알지만 그 말씀이 마음에 들어와 있는 것은 아니었습니다.

그렇게 삼 일째 답답해하다가 저는 하나님 앞에 아주 단순한 고백을 드렸습니다. "하나님, 이 말씀을 믿겠습니다." 그리고 성경을 가슴에 부여안고 몸부림치며 울었습니다. 그러자 제 마음속에 혁명이 일어났습니다. 성경 말씀을 믿겠다는 것이 그렇게 엄청난 것인지 미처 몰랐습니다. 저는 실력이 있어야 하고, 뛰어나야 하고, 남보다 잘나야 한다는 생각에 쫓겨 살았습니다. 목사가 되고 목회를 하면서도 그래야 되는 줄 알았습니다. 남보다 뛰어나고 실력이 있어야 하나님도 크게 써주시는 줄 알았습니다. 그래서 평생 열등감으로 속앓이를 하며 살았던 삶이 억울하기도 하고 속상하기도 하고 서럽기도 해서 펑펑 울었습니다.

시편 9편

그렇게 몸부림치며 울며 하나님의 말씀을 믿겠다고 결단한 후 정말 설교의 열등감에서 벗어날 수 있었습니다. 절대로 설교를 잘 하게 되었다는 것이 아닙니다. 하나님은 일부러 미련하고 약한 자를 택하여 지혜롭고 강한 자를 부끄럽게 하려고 하신다는데, 내가 미련하고 약하면 오히려 더 감사할 일이라 생각되었습니다. 설교를 잘하느냐 못하느냐 하는 것은 더 이상 제 관심사가 아니었고, 그저 주님의 말씀을 말씀 그대로 전하는 것만 중요할 뿐이었습니다. 정말 놀라운 일이었습니다. 하나님의 말씀을 마음에 품는 자가 믿음이 강한 자입니다. 그것이 단순한 믿음입니다. 그런 자가 세상을 이깁니다.

하나님 말씀을 건성으로 듣는 죄

우리가 단순하고 강력한 믿음을 갖지 못하는 결정적인 이유는 하나님의 말씀을 건성으로 듣기 때문입니다. 사무엘상 15장에 보면 사울 왕은 하나님께서 아말렉을 진멸하고 짐승까지 다 죽이라고 하신 명령을 분명히 듣고도 아각 왕을 사로잡고, 그와 수많은 양과 소를 끌고 의기양양하게 돌아오는 장면이 나옵니다. 사무엘이 사울 왕을 만났을 때 사울은 기뻐하며 이렇게 말했습니다.

… 사울이 그에게 이르되 원하건대 당신은 여호와께 복을 받으소서 내가 여호와의 명령을 행하였나이다 하니 삼상 15:13

그 말을 들은 사무엘 선지자는 마음이 무너지는 것 같았습니다. 그는 이미 지난밤 하나님의 명령을 행하지 않은 사울 때문에 진노하신 하나님 앞에 철야하며 기도하고 오는 길입니다. 하나님은 이미 사울 왕을 버리셨습니다.

사무엘이 이르되 그러면 내 귀에 들려오는 이 양의 소리와 내게 들리는 소의 소리는 어찌 됨이니이까 하니라 … 어찌하여 왕이 여호와의 목소리를 청종하지 아니하고 탈취하기에만 급하여 여호와께서 악하게 여기시는 일을 행하였나이까 삼상 15:14,19

그때 사울 왕이 사무엘에게 뭐라고 대답합니까?

사울이 사무엘에게 이르되 나는 실로 여호와의 목소리를 청종하여 … 삼하 15:20

사람이 이렇습니다. 하나님의 말씀대로 살지 않으면서도 자신이 말씀대로 살지 않고 있다는 것을 깨닫지 못하는 사람이 많습니다. 정말 모른다면 말씀을 바로 가르치면 됩니다. 바로 살지 못했던 사람이 복음과 진리를 깨닫고 바로 서는 모습을 보는 것은 정말 기쁜 일이 아닐 수 없습니다. 그러나 대부분의 경우는 말씀을 모르는 것이 아닙니다. 하나님의 말씀대로 살아야 한다는 결단이 없는 것입니다.

너덜너덜해진 내 마음의 성경책

비단 사울 왕만 그런 것이 아닙니다. 여러분, 여러분의 마음이 지금 굳어 있는지, 아니면 주님 앞에 부드러운 마음인지 한번 점검해 보시기 바랍니다. 우리가 하나님의 말씀을 어떻게 대하는지 실제로 그 말씀 앞에 서보면 알 수 있습니다.

> … 너희는 너희 자신의 것이 아니라 값으로 산 것이 되었으니 그런즉 너희 몸으로 하나님께 영광을 돌리라 고전 6:19,20

> … 다시는 그들 자신을 위하여 살지 않고 오직 그들을 대신하여 죽었다가 다시 살아나신 이를 위하여 살게 하려 함이라 고후 5:15

> 그러나 무엇이든지 내게 유익하던 것을 내가 그리스도를 위하여 다 해로 여길뿐더러 또한 모든 것을 해로 여김은 내 주 그리스도 예수를 아는 지식이 가장 고상하기 때문이라 내가 그를 위하여 모든 것을 잃어버리고 배설물로 여김은 그리스도를 얻고 그 안에서 발견되려 함이니 …
> 빌 3:7-9

이 말씀들을 읽고 마음이 기쁘십니까? 이 말씀들이 복음으로 들리십니까? 아니면 도대체 어떻게 살라는 건지 부담스럽게 들리십니까? 어떤 목사님은 이런 말씀 때문에 마음이 괴로워서 그 성경 구절들을 오려냈다고 합니다. 그러나 너덜너덜해진 성경책을 보고 그만 고꾸라지고 말았습니다. 성령께서 자신이 한 일이 무엇인지 깨닫게 하셔서 큰 충격을 받고 그 성경책을 붙잡고 통곡하며, 자신의 죄를 회개했다고 합니다.

여러분 중에는 '아니, 목사님이 어떻게 성경에 마음에 안 드는 구절이 있다고 그것을 오려낼 수 있느냐?'라고 그 목사님을 비난하실지도 모릅니다. 그러나 우리도 마음으로 얼마나 많은 성경 말씀을 오려내면서 살았습니까? '이건 안돼', '저건 힘들어', '아이고, 이런 말씀이 다 있네', '어어, 이건 아닐 거야' 이렇게 마음에 드는 말씀, 마음에 들지 않는 말씀을 구분하여 받아들이고, 이것은 못하겠고, 이 말씀은 목사님에게나 해당되는 말씀이라고 말씀을 오려내었기에 마음에 있는 성경이 너덜너덜해져 있지 않나요?

한번은 어느 집회에서 말씀을 전하고 강단에서 내려오는데 교수님 한 분이 저를 따라오며 "목사님, 저는 오늘 절망했습니다. 저는 구원도 못 받은 사람 같습니다"라고 하셔서 약간 당황스러웠습니다. 그러나 "목사님, 은혜 많이 받았습니다"라고 하는 분보다 그분이 정말 귀하게 여겨졌습니다. 왜냐하면 그 분이 주의 말씀에 제대로 반응했다고 여겨지기 때문입니다.

그리스도 안에서 얼마든지 "예"가 되는 하나님의 약속

여러분, 그러면 우리가 어떻게 믿음의 걸음을 내디딜 수 있습니까? 예수님의 이름을 바로 알면 됩니다. '예수'라는 이름의 뜻은 "구원자"입니다.

예수님은 죄와 저주에서 우리를 구원하시는 분입니다.

또한 예수의 이름은 '임마누엘'로 "하나님이 우리와 함께 계시다"라는 뜻입니다. 예수의 이름을 안다는 것은 이 놀라운 진리를 믿는다는 말입니다. 여러분, 우리가 이 예수님의 이름을 정확히 알면 그다음부터는 주님을 의지하지 않을 수가 없습니다. 나를 죄와 저주에서 구원하실 분이 예수님, 나와 함께 계시는 분이 예수님입니다. 우리가 진짜 예수님의 이름을 알고, 그 예수님을 믿고, 정말 예수님 안에서 산다면 하나님의 말씀은 전혀 달리 다가옵니다. 임마누엘이신 예수님을 항상 바라보며 살면 하나님의 약속에 "아멘" 하게 됩니다.

우리가 예수 그리스도 안에 거해야 하나님의 약속에 대하여 "예, 아멘" 할 수 있는 것입니다. 전에는 "힘들어", "어려워", "못해" 그러다가 다 "아멘"이 됩니다. 하나님의 말씀이 어쩌면 그렇게 살길로 다가오고, 구원의 말씀으로 다가오고, 축복의 말씀이라고 믿어지는지, 그냥 다 "아멘" 하게 됩니다. 예수님 안에 있으면, 24시간 예수님을 바라보면 그렇게 되는 것입니다.

교회에서 특별 새벽기도를 한다고 선포하면 대략 4분의 1 정도의 교우들이 반응합니다. 기도한 시간을 체크해서 기도 항아리에 담아달라고 했는데 출석 교인의 15분의 1 정도가 동참했습니다. 내심 "주님의 말씀이면 무조건 아멘입니다!" 하며 믿음으로 "주님의 말씀에 어린아이처럼 반응해보면 더 큰 역사를 경험할 텐데…" 하는 아쉬움이 있습니다. 하지만 조금이라도 교인들을 책망할 마음이 없습니다. 왜냐하면 하나님께서 저에게도 "너는 잘했냐?"고 말씀하셨기 때문입니다.

주님을 바라보면 명확히 말씀하신다

하루는 부산에서 집회를 인도하기 위해 아침 첫 비행기로 내려가는 바람에 정신이 하나도 없었습니다. 빠듯한 일정 때문에 열방을 위한 기도 시간도 지키지 못한 것이 생각났습니다.

오늘 부산 집회로 인하여 오후 4시 24365 열방을 위한 기도를 하지 못하였다. 이런 날은 어떻게 해야 할지 모르겠다. 시간을 정해놓고 기도하는 것이 너무 율법적인 것은 아닌가. 그러나 형편대로 하면 결국 안 하게 되는데, 고민이다.

그런데 그날 큐티도 빠트린 것이 생각나 '밤이 늦었지만 그래도 큐티는 해야지' 하고 성경을 펼쳤습니다. 본문은 다니엘서 7장 9-14절이었습니다. 말씀을 읽으면서 깜짝 놀랐습니다. 본문은 환난이 있겠지만 심판이 있을 것이고, 어린양 예수님의 재림으로 하나님의 나라가 임할 것에 대하여 말씀하고 있었습니다. 그런데 7장 14절을 읽으며 심장이 멎는 것 같았습니다.

> … 모든 백성과 나라들과 다른 언어를 말하는 모든 자들이 그를 섬기게 하였으니 … 단 7:14

이 말씀은 24시간 365일 기도를 왜 해야 하는지 말씀해주고 있었습니다. 저는 이 말씀으로 오늘 바쁜 일정을 핑계로 열방을 위한 기도를 하지 못한 것에 대한 주님의 책망을 깨달았습니다. "고민은 무슨 고민이냐? 네가 지금 이런 일로 고민할 군번이냐?" 하시는 하나님의 호통에 저는 즉각 대답했습니다. "하나님, 명심하겠습니다. 열방을 위한 24365 중보기도를 소홀히 하지 않겠습니다." 하나님 앞에 기도를 드리고 그것을 일기에 적었습니다. 그러면서 비록 책망은 받았지만 마치 주님이 제 말을 들으시고 곧바로 말씀하시는 것 같아 주님이 나의 삶을 세세히 주관하고 이끄시는 것이 생생히 느껴져서 놀라움에 잠을 이루기 어려웠습니다.

우리가 24시간 주님을 바라보려고 하면 하나님께서 명확히 말씀하시는 것을 깨닫게 됩니다. 이처럼 명확히 말씀하시는 하나님이심을 깨닫게 되면 더 이상 고민이 없어집니다. "아멘. 주님, 그렇게 하겠습니다." 이렇게 결단하게 됩니다.

주님의 말씀이면 순종하기로 결단하라

여러분, 24시간 예수님을 바라보는 것은 부담스러워하면서 하나님의 응답은 듣고 싶습니까? 그렇다면 그는 다음 말씀에 해당하는 자입니다.

> 항상 배우나 끝내 진리의 지식에 이를 수 없느니라 딤후 3:7

항상 은혜를 받으려고 하지만 하나님이 기뻐하시는 믿음의 자리로 들어가지는 못한다는 것입니다. 24시간 예수님을 바라보라고 하는 것은 절대로 부담스럽게 하려는 것이 아닙니다. 여러분을 다윗처럼 단순 명확한 믿음의 사람으로 세우려는 것입니다.

이슬람권의 어느 선교사님에게 "무엇이 두려우십니까?" 하고 물었더니 매맞는 것도, 가난도, 배고픔도 두렵지 않은데 단 한 가지,

하나님의 임재를 느끼지 못하게 되는 것이 두렵다고 하셨습니다. 저는 이 선교사님이 참으로 귀하게 여겨졌습니다. 그는 하나님의 임재를 경험해본 사람입니다. 그러니 하나님의 임재를 느끼지 못하는 것이 두려운 것입니다.

하나님의 임재를 경험해보지 못한 사람은 하나님의 임재가 떠나는 것도 두렵지 않습니다. 왜냐하면 항상 임재 없이 살았기 때문입니다. 주님의 임재를 느끼지 못하는 것 자체가 얼마나 고통스러운지를 모릅니다. 저는 이런 교인이 두렵습니다. 주님의 임재가 사라지는 것이 얼마나 두려운 일인지 모르니 은밀한 죄, 혈기, 다툼, 미움, 싸움, 거짓말, 허탄한 농담도 아무렇지 않게 합니다. 이런 교인은 정말 감당하기 어렵습니다.

여러분, 이렇게 살다가 인생을 끝내실 겁니까? 주님의 임재를 경험해보면 세상 아무것도 두려울 게 없습니다. 하나님의 임재가 떠나는 것 하나 외에는 아무것도 두려울 것이 없습니다. 그렇게 살게 되기를 축복합니다. 주님의 말씀이면 순종하기로 결단하시기 바랍니다. 24시간 주님을 바라보며 살아보기를 축원합니다. 하나님의 말씀에 언제나 "예", "아멘" 하게 해달라고, 다윗과 같이 단순한 믿음으로 세상을 이기게 해달라고 기도하시기 바랍니다.

10

| 시편 10편 1-18절 |

환난보다
더 큰 믿음을
준비하라

사람들은 막연하게나마 앞으로 좋은 날이 있을 것을 기대합니다. 설 명절이 되면 덕담을 주고받으며 모든 일이 다 잘 되고 건강하라고 복을 빌어줍니다. 만사가 형통하게 되기를 원하는 것은 모든 사람들이 갖는 한결같은 소원입니다.

그러나 성경은 전혀 다른 진리를 말하고 있습니다. 다니엘서 7장부터 9장의 말씀을 읽어보면 짐승으로 상징되는 악한 영적 세력들이 인류 역사에 계속해서 일어날 것을 예언하고 있습니다. 하나님께서 역사를 주관하시고 끝에 주님의 재림이 있어 세상을 심판하시게 되겠지만 그동안에는 악한 영적 세력들이 하나님을 대적하여 일어나 역사하기 때문에 믿음을 가진 성도들이 어려움을 겪게 된다는 것입니다. 이렇게 성경은 분명히 환난이 있을 것을 말씀합니다. 그저 좋은 일, 편한 날이 눈앞에 펼쳐질 것을 기대하고 살다가는 크게 당황하고 낭패를 겪게 됩니다.

리처드 범브란트 목사님은 1948년 루마니아 공산 치하에서 비밀경찰에 의해 투옥되어 수십 년간 고문과 핍박의 감옥살이를 하였습니다. 비밀경찰은 범브란트 목사님을 배교시키기 위해 교묘한 심리전을 사용했습니다. 수년 동안 일절 면회를 허락하지 않다가 갑자기 가족 면회를 허락해줄 테니 아내에게 엽서를 보내라고 한 것입니다. 면회일이 되자 범브란트 목사님도 어린아이같이 마음이 들떴습니다. 교도소에서 내어준 새 내복으로 갈아입고 가족이 오기만을 기다렸습니다. 그러나 하루 종일 아무도 그를 찾아오지 않았습니다. 교도소 당국에서 아예 엽서를 보내지 않은 것입니다.

그렇게 아무도 없이 감옥에 혼자 있을 때 방송이 나옵니다. "이제 아무도 너를 사랑하지 않는다." 그러자 범브란트 목사님은 자신도 모르게 흐느껴 울기 시작했습니다. "네 아내는 이미 너를 떠났어. 아무도 너를 기억하는 사람이 없어." 같이 있던 동료 죄수들마저 그를 비웃으며 더러운 말로 모욕합니다. 그때 또다시 방송에서 "하나님은 죽었다. 하나님은 안 계신다." 그러자 놀랍게도 그 말이 믿어지기 시작하는 것을 느꼈습니다. '그래. 안 계신가봐. 지난 몇 년간 내가 어떻게 믿음을 지켰는데… 하나님, 이게 뭡니까?'

그런데 그 순간 예수님의 무덤가에서 여인들이 울고 있는 장면이 떠올랐습니다. 예수님은 아직 무덤에 계시고 부활하시기 전입니다. 그러니 예수님이 십자가에 죽으시고 무덤에 묻히신 그 기막힌 사실을 그들이 어떻게 이해하고 받아들일 수 있겠습니까. 여인들이 얼마나 절망스러웠을까요? 그러나 그 여인들은 울면서도 예수님의 무덤을 떠날 수 없는 믿음을 가지고 있었습니다. 그 시간 범브란트 목사님은 이유를 알 수 없는 혼란과 혼돈 속에서 자신의 모든 판단까지 하나님께 전부 드렸습니다. "하나님, 저는 아무것도 모르겠습니다. 아무것도 이해가 안 됩니다. 저는 그냥 울 것입니다. 무덤 곁에서 울던 여인들처럼." 그는 그렇게라도 믿음을 지켜야 했습니다. 범브란트 목사님의 옥중서신에 그 통곡의 기록이 나옵니다.

성경은 우리가 살아가는 믿음의 삶 가운데 환난이 있을 것이라고 분명히 말씀합니다. 그것이 유혹으로 오든, 핍박으로 오든, 결코 좋은 일만 있는 것이 아니라고 말입니다. 우리 주님이 재림하셔서 이 땅에 하나님의 나라가 온전히 이루어지기 전까지, 이 세상의 임금 노릇을 하는 것은 마귀이고 그렇기 때문에 성도들에게는 환난이 있을 것이라고 하셨습니다. 그러니 그 환난을 이길 준비가 되어 있어야 합니다. 우리는 환난의 때를 준비해야 합니다. 환난을 이길 믿음의 훈련을 해야 합니다.

모두가 하나님은 안 계신다고 할 때

시편 10편에는 하나님을 대적하는 권력자들의 무시무시한 폭언이 나옵니다.

시편 10편

악인은 그의 교만한 얼굴로 말하기를 여호와께서 이를 감찰하지 아니
하신다 하며 그의 모든 사상에 하나님이 없다 하나이다 시 10:4

"하나님이 안 계신다!" 이 말은 사람이 할 수 있는 가장 두려운
폭언이자 가장 무서운 거짓말입니다. 이것이 모든 악의 시작입니
다. 마귀가 우리에게 하려는 것도 우리 입에서 하나님이 안 계신다
고 말하게 하는 것입니다. 이런 말을 함부로 내뱉게 되는 그때가
두려운 것입니다. 이 말을 하고 나면 사람은 더 이상 통제가 불가
능하게 됩니다. 그 사람은 어떤 죄도 지을 수 있습니다.

그의 입에는 저주와 거짓과 포악이 충만하며 그의 혀 밑에는 잔해와 죄
악이 있나이다 시 10:7

8절부터 11절까지는 하나님이 안 계신다고 공개적으로 말하는
자의 악한 행적이 나옵니다. 이런 사람은 도대체 어떤 사람입니
까? 성경은 그 사람의 실체에 대해 이렇게 말씀합니다.

… 그의 모든 사상에 하나님이 없다 하나이다 시 10:4

원어를 보면 "그의 모든 생각 속에 하나님이 계실 자리가 없다"
라는 뜻입니다. 하나님이 실제 안 계신 것이 아닙니다. 분명히 계
십니다. 그러나 그 사람의 마음에는 하나님이 거하실 자리가 없다

는 것입니다. 그래서 그는 하나님이 안 계신다고 생각하게 되는 것입니다. 이것이 무서운 것입니다. 마귀가 하려는 것은 사람의 마음을 혼미케 하여 하나님을 잊게 만들어 하나님을 부인하게 하는 것입니다. 사람들이 하나님을 생각하지 못하고 살게 만든다는 것입니다.

> 그중에 이 세상의 신이 믿지 아니하는 자들의 마음을 혼미하게 하여 그리스도의 영광의 복음의 광채가 비치지 못하게 함이니 그리스도는 하나님의 형상이니라 고후 4:4

마귀는 사람들의 마음속에 별의별 것들을 다 집어넣어 놓습니다. 하나님에 대한 생각이 들어가지 못하게 하려는 것입니다. 그래서 "무릇 지킬 만한 것보다 더욱 네 마음을 지키라"(잠 4:23)고 한 것입니다. 우리가 마음을 지키는 일은 매우 중요합니다. 마음이 핵심입니다. 6절과 11절에는 마음을 지키지 못하면 어떻게 되는지 말씀합니다.

> 그의 마음에 이르기를 나는 흔들리지 아니하며 대대로 환난을 당하지 아니하리라 하나이다 시 10:6

> 그가 그의 마음에 이르기를 하나님이 잊으셨고 그의 얼굴을 가리셨으니 영원히 보지 아니하시리라 하나이다 시 10:11

그러면 정말 말도 안 되게 교만한 말을 하게 됩니다. 여러분의 마음과 생각에 지금 하나님이 계십니까? 그러니까 하나님께 예배를 드리러 나오셨을 것입니다. 그러나 다시 생각해봐야 할 것은, 오늘은 내가 이렇게 하나님께 예배를 드리러 왔지만 힘이 있고 영향력이 있는 권세자가 공개적으로 하나님을 모욕하고, 사람들이 이구동성으로 하나님을 부정하고, 되어지는 일들이 도무지 하나님이 살아 계신 것 같지 않은 상황이 벌어질 때, 나의 이성마저 하나님을 부정할 때, 그때에도 하나님에 대한 믿음을 분명히 지킬 수 있을까요? 하나님께서는 우리에게 그것을 도전하시며 그것을 준비하라고 말씀하는 것입니다.

믿음이 훈련된 사람 다윗

하나님에 대한 확신을 가진 다윗조차 휘청거릴 만큼 힘들었습니다.

> 여호와여 어찌하여 멀리 서시며 어찌하여 환난 때에 숨으시나이까
> 시 10:1

> 그의 길은 언제든지 견고하고 주의 심판은 높아서 그에게 미치지 못하오니 그는 그의 모든 대적들을 멸시하며 시 10:5

다윗이 보기에도 하나님이 멀찍이 계신 것 같다고 합니다. 악인이 하는 일은 언제나 잘 되어 하나님의 심판이 어디 있는지 모를 정도입니다. 하나님이 살아 계신 것을 분명히 믿지만, 가슴이 무너지고 눈앞이 캄캄하고 눈물이 날 때가 있다는 말입니다. 이런 상황에서 어떻게 믿음을 지킬 것입니까? 다윗을 주목해보십시오. 그도 순간 믿음이 흔들렸습니다. 그러나 곧 하나님의 승리를 고백하고 노래합니다.

여호와께서는 영원무궁하도록 왕이시니 이방 나라들이 주의 땅에서 멸망하였나이다 여호와여 주는 겸손한 자의 소원을 들으셨사오니 그들의 마음을 준비하시며 귀를 기울여 들으시고 고아와 압제 당하는 자를 위하여 심판하사 세상에 속한 자가 다시는 위협하지 못하게 하시리이다

시 10:16-18

이것이 다윗의 위대함입니다. 다윗이 어떻게 이런 믿음을 가질 수 있었을까요? 여러분, 다윗이 당한 환난은 말할 수 없이 많았지만, 다윗은 환난보다 더 큰 믿음이 준비되어 있었습니다. 그는 믿음이 훈련된 사람입니다. 소년 다윗이 거인 골리앗과 싸워 이긴 것은 세상이 다 아는 성경 일화입니다. 소년 다윗이 골리앗을 거꾸러뜨리는 일이 어떻게 일어날 수 있었을까요? 그것은 비록 소년이지만 다윗의 믿음이 골리앗보다 더 컸기 때문입니다. 다윗은 골리앗과의 싸움을 자청했습니다. 왜냐하면 하나님이 자신과 함께하심이

믿어지니까 아무리 골리앗이라 해도 무섭지 않았기 때문입니다.

> … 너는 칼과 창과 단창으로 내게 나아 오거니와 나는 만군의 여호와의 이름 곧 네가 모욕하는 이스라엘 군대의 하나님의 이름으로 네게 나아 가노라 삼상 17:45

신기한 일이지요? 이런 믿음이 소년 다윗에게 어떻게 생긴 것일 까요? 처음에 다윗이 골리앗과 싸우러 나가겠다고 할 때 그가 미 덥지 않았던 사울 왕은 그를 말렸습니다. 그래도 다윗은 계속 나가 겠다고 하면서 자기가 능히 골리앗을 이길 수 있다고 사울 왕을 설 득합니다.

> … 주의 종이 아버지의 양을 지킬 때에 사자나 곰이 와서 양 떼에서 새 끼를 물어가면 내가 따라가서 그것을 치고 그 입에서 새끼를 건져내었 고 그것이 일어나 나를 해하고자 하면 내가 그 수염을 잡고 그것을 쳐 죽였나이다 주의 종이 사자와 곰도 쳤은즉 살아 계시는 하나님의 군대 를 모욕한 이 할례 받지 않은 블레셋 사람이리이까 그가 그 짐승의 하 나와 같이 되리이다 삼상 17:34-36

다윗의 믿음은 그냥 생긴 것이 아닙니다. 다윗은 목동입니다. 그는 들판에서 양을 친다고 신세한탄이나 하고 있지 않았습니다. 아버지의 양을 지킬 때 사자나 곰이 와서 새끼를 물어가면 그것을 지키기 위해 하나님을 의지하여 사자와 곰과도 싸워보았습니다. 이렇듯 사자와 곰도 이기는 경험을 했으니까 눈앞에 거인 골리앗이 나타나도 전혀 두렵지 않았던 것입니다. 믿음의 훈련을 받은 자는 이렇게 강합니다.

항상 예수님 앞에 서 있는 훈련

우리의 삶은 다 믿음의 훈련입니다. 우리에게 일어나는 모든 일은 우리를 믿음으로 훈련시킵니다. 여러분, 절대로 교회에 오래 다닌 연수를 자랑하지 마십시오. 교회생활, 신앙생활 오래한 것이 오히려 부끄러움이 될 때가 있습니다. 자랑하려면 진짜 예수님을 믿고 예수님과 동행한 연수를 자랑해야 합니다. 그저 어린아이처럼 마냥 좋은 날이 오리라, 편한 날이 올 거라는 희망만 가지고 살다가는 큰일입니다. 앞으로 믿음으로 살기가 더 어려운 세월이 온다는 것을 알아야 합니다. 여러분, 환난의 때를 반드시 준비해야 합니다.

> … 이는 악한 날에 너희가 능히 대적하고 모든 일을 행한 후에 서기 위함이라 엡 6:13

악한 날이 우리 앞에 옵니다. 그래서 하나님의 전신갑주를 취하라는 것입니다. 마귀가 목적하는 것은 우리를 넘어지게 하는 것입니다. 우리의 생각에서 예수님을 빼앗아가려는 것입니다. 그러므로 우리는 예수님 앞에 항상 서 있는 훈련을 계속해야 합니다.

이러므로 너희는 장차 올 이 모든 일을 능히 피하고 인자 앞에 서도록 항상 기도하며 깨어 있으라 하시니라 눅 21:36

여러분, 예수님 믿으신 것, 잘하셨습니다. 그렇지만 우리에게는 목표가 있습니다. 마지막 때에 예수님 앞에 서는 것입니다. 예수님 앞에 걸려 넘어진 자로 주님을 맞이해서는 안 됩니다.

그들의 진노의 큰 날이 이르렀으니 누가 능히 서리요 하더라 계 6:17

성경은 예수님 앞에 서서 주님을 맞이하는 일이 얼마나 어려운 지 말씀합니다. 여러분, 실제로 살아보십시오. 우리가 얼마나 쉽게 무너집니까? 지나고 보면 별것 아닌 일로 괜히 사람의 표정 하나, 말 한마디에 무너지는 일이 얼마나 많습니까? 명절이 왔다고 무너지고, 몸이 좀 아프다고 무너지고, 우리가 보기에도 애처로울 정도로 이리 무너지고 저리 쓰러지는 생활입니다. 그러나 마지막 때에 예수님 앞에 서서 주님을 맞이하는 성도가 되려면 우리의 삶 속에서 부딪쳐 오는 모든 일들이 다 예수님을 바라보면서 믿음으로 서는 훈련임을 깨달아야 합니다. 지금 겪는 고난을 피하려 하지 말아야 합니다. 원망 불평하지 말아야 합니다. 우리는 훈련 중에 있습니다.

다니엘서 큐티를 하다가 저도 모르게 울었던 적이 있었습니다. 다니엘서 6장에 보면 왕의 조서에도 불구하고 다니엘이 하루에 세번 예루살렘을 향한 창문을 열고 기도하는 것 때문에 다리오 왕이 다니엘을 사자 굴에 던져야 하는 상황이 되었습니다. 그런데 다리오 왕이 다니엘을 사자 굴에 던져넣기 전 다니엘에게 이렇게 말합니다.

네가 항상 섬기는 너의 하나님이 너를 구원하시리라 단 6:16

그다음 날 아침, 사자 굴로 찾아간 왕이 다니엘을 큰 소리로 부릅니다.

살아 계시는 하나님의 종 다니엘아 네가 항상 섬기는 네 하나님이 사자들에게서 능히 너를 구원하셨느냐 단 6:20

제가 이 말씀을 읽는데 "네가 항상 섬기는 네 하나님"이라는 말씀에 가슴을 치면서 눈물이 나는 것입니다. "하나님, 저도 이렇게 살고 싶습니다. 항상 하나님을 섬기는 자가 되고 싶습니다." 다니엘이 그랬다는 것입니다. 이방 왕도 인정을 했습니다. 다니엘은 항상 하나님을 섬기는 자였습니다. 24시간 예수님을 바라보는 것이 그래서 중요합니다. 예수님과 항상 교제하는 자만이 시험과 환난이 와도 쓰러지지 않고 믿음을 지킬 수 있습니다.

믿음의 훈련을 하라

며칠 전 장로님 한 분이 메일을 보내주었습니다.

항상 주님을 생각하며 생활할 때 주님께서는 결코 외면하지 않으심을 깨닫습니다. 요즘 담임목사님께서 "24시간 주님과 동행하자"는 말씀이 너무나 크게 마음에 와 닿아서 전 성도들에게 강하게 권하고 싶은 마음입니다.

장로님은 사업을 하시는데, 어느 순간 하나님께서 하나님이 기뻐하시는 하나님의 방법대로만 사업하라는 마음을 강하게 주셔서 그것을 결단하셨다고 합니다. 그렇다보니 세상 방식의 접대를 다 끊고 기도로 무장하고 거래처를 찾아갔습니다. 아니나 다를까 어려움이 닥쳤습니다. 서울에서 경남 진주까지 일곱 차례나 찾아갔지만 만나주지 않아 눈물로 돌아서기도 했고, 겉으로는 반갑게 맞아주었지만 아무리 좋은 기술을 설명하고 시험 결과를 밝혀도 정작 장로님의 회사보다 못한 기술을 소유한 회사로 수주가 결정되는 일도 많았습니다.

결국 회사의 재정 상태가 너무 어려워져서 사업을 포기해야만 하는 상태에 이르렀습니다. 그때 눈물을 흘리며 "예수의 이름으로 나는 일어서리라" 이 찬송을 수도 없이 불렀다고 합니다. 그 어려운 중에도 속장의 사명을 다하고자 하는 마음이 들어서 회사의 어려운 형편을 내색하지 않고 허리가 아픈데도 열심히 심방하고 속회를 인도하고 속회원들을 위해 간절히 기도했는데 그때마다 큰 은혜가 장로님에게 임했다고 합니다. 돌이켜보면 주님이 그렇게 하셨다는 것이 깨달아지더라고 했습니다. 이 기간을 보내고 나서 몇 달 만에 전혀 생각하지 않던 길들이 열리며 이전에 수주하던 금액의 열 배가 넘는 시장이 새롭게 열렸고, 전국에서 열 곳이 넘게 수주가 되면서 회사는 2년 치 공사를 수주하는 상상할 수 없던 일이 벌어졌다고 합니다.

그런데 세상적인 접대를 하지 않으니 거래처 사람을 자주 만나 친하게 지내야겠다고 생각이 들어서 열심히 거래처를 방문하고 담당자들과 계속 교제를 했습니다. 그러나 작년 경찰청 특수수사대 수사관들이 회사에 들이닥쳐 컴퓨터와 서류를 다 가져가고, 여러 번 경찰에 불려가 수사를 받게 되었습니다. 정부에서 대통령의 지시로 장로님이 주로 거래하는 행정부 모든 부서에서 일괄 수사가 진행되었는데, 관공서에 자주 출입하는 차 번호를 조회했을 때 장로님이 1등이었고 그래서 우선순위 1위 수사 대상에 오른 것이었습니다. 너무 기막히고 억울했지만 5개월 동안 회사의 모든 영업 활동과 수주 업무가 다 정지되어 모든 거래가 끊기자 장로님은 기도밖에 할 것이 없었습니다.

몇 개월의 시간이 흘러 담당 수사관의 연락을 받고 다시 출두했을 때 특수수사대는 혐의가 없어도 무엇이든지 털어서 죄를 만드는 곳이라고 소문난 곳인데, 몇 개월씩 조사를 철저히 해보았지만 회사를 정말 모범적으로 경영한 것이 밝혀져 수사를 무혐의로 종결한다고, 우리 사회에 이런 회사만 있으면 참 좋겠다면서 모든 서류를 돌려주었다고 합니다. 같이 수사를 받은 다른 업체 대표들은 다 구속되어 상당한 어려움을 겪고 있었는데 말입니다.

회사가 5개월이나 멈춰서 있었지만 아무도 다치지 않고 수사가 마무리되었다는 것이 전국 거래처에 소문이 나면서 가는 곳마다 수고했다고 적극적으로 도와주니, 지난 5개월간 일하지 못한 것을 상회하고도 남는 몇 곱의 수주를 하며 회사가 발전하고 있다는 내용이었습니다. 그러면서 메일에 이렇게 쓰셨습니다.

언제나 예수님과 동행하는 삶은 결코 어려운 것이 아니었습니다. 몸에 밴 습관처럼 익숙하기만 하면 너무나 자연스러운 것이고 새삼스러울 것도 없는 일이었습니다. 생활의 모든 일들이 다 예수동행일기 거리입니다. 모든 성도님들, 정말 주님과 동행하는 삶을 살아보십시오. 머지않아 익숙해지고 모든 생활이 달라질 것입니다. 이 모든 것을 주님이 하셨습니다. 감사와 영광을 주님께 올립니다. 아멘.

여러분, 지금 힘들고 어려운 처지에 빠졌습니까? 그러나 우는 것도 답이 아니고 도망가는 것도 답이 아닙니다. 잠잠히 하나님을 바라보시기 바랍니다. 이것은 하나님의 훈련입니다. 성경은 우리 앞에 환난이 오겠다고 예언하고 있습니다. 그러나 그것은 두려워 하라는 뜻이 아닙니다. 지금 믿음의 훈련을 하라는 것입니다. 하나 님은 환난보다 더 큰 믿음을 주시기 때문입니다. 훈련소에 들어가 면 실전처럼 훈련을 시키지만 절대로 다치게 하거나 죽게 하지 않 습니다. 훈련병들을 죽거나 다치지 않게 하는 것이 훈련소장의 책 임입니다. 훈련받는 자는 하나님의 보호 아래 있습니다. 하물며 하 나님께서 우리에게 믿음의 훈련을 시키실 때 절대 죽게 하거나 다 치게 하지 않으십니다. 우리가 하나님의 계획을 정말 믿고 순종하 면 하나님은 우리를 믿음의 용사로 세우십니다. 다윗처럼 바로 그 렇게 하십니다.

우리가 알거니와 하나님을 사랑하는 자 곧 그의 뜻대로 부르심을 입은 자들에게는 모든 것이 합력하여 선을 이루느니라 롬 8:28

믿음은 하나님이 생각나는 것이다!

믿음이 무엇입니까? 마음에 하나님이 생각나는 것입니다. "아유, 목사님, 하나님 생각나는 게 무슨 믿음입니까?" 하지만 많은 성도 들이 하나님을 생각하는 것 같아도 그렇지 못합니다. 여러분, 실제 로 예수동행일기를 써보십시오. 아침에 눈뜰 때 하나님 생각을 못 하는 것이 거의 대부분입니다. 하루가 지나고 밤에 잘 때까지 도대 체 여러분의 마음에 하나님이 얼마나 생각나는지 스스로 한 번 확인해보시기 바랍니다. 바쁘면, 급하면, 어려우면 하나님이 생각나지 않습니다. 명절에 하나님 생각이 나지 않습니다. 몸이 아파도 생각나지 않습니다. 믿어지지 않으면 예수동행일기를 써보십시오. 우리 믿음의 현실에 깜짝 놀랄 것입니다.

다윗이 환난의 때를 이겨낼 수 있었던 믿음의 비밀이 14절에 나옵니다.

주께서는 보셨나이다 ··· 시 10:14

다윗은 "주께서는 보셨나이다"라고 고백합니다. 다윗의 마음속에 하나님께서 다 보고 계신다는 것이 믿어진 것입니다. 사람들은 말할 수 없이 포악한 말을 하고, 하나님을 부정하고, 하나님이 계신 것을 믿을 만한 증거가 도무지 보이지 않는 상황입니다. 그런데도 하나님이 다 보고 계신 것이 깨달아지고 믿어지는 순간 다윗의 시편은 분위기가 확 바뀌어버립니다. "하나님이 계신다. 하나님이 보고 계신다." 이것이 마음속에 떠오르는 순간 우리는 환난보다 더 큰 믿음을 갖게 됩니다. 하나님은 그 마음에 하나님 생각이 난 사람을 반드시 지키고 인도하십니다.

어떤 가정에 아버지의 사업이 어려워지면서 큰 근심거리가 생겼습니다. 집안에 짙은 먹구름이 드리워졌습니다. 가족들은 말이 없어지고, 자녀들도 눈치를 보게 됩니다. 중학교 다니던 아들이 무거운 발걸음으로 학교에서 돌아와 집안에 들어서는데 부엌에서 설

거지하는 어머니가 부르는 찬송 소리를 들렸습니다. 이 아들이 현관에서 멈칫 섰습니다. 그 순간 아들의 마음에 번개처럼 떠오른 것이 있었습니다.

"하나님!"

그는 어릴 때부터 교회에 다니던 아이였지만 하나님이 그토록 명확하게 떠오른 적이 없었다고 합니다. 그는 곧장 자기 방으로 들어가 무릎을 꿇고 생전 처음 아버지를 위해서, 가정을 위해서 간절히 기도했습니다. "하나님, 우리 아버지가 망했다고 합니다. 하나님께서 아버지를 좀 도와주세요!" 생전 처음 울면서 기도했다고 합니다. 그런데 기도를 마치고 나니 마음에 걱정이 사라지고 편안해지더랍니다. 그렇게 방을 나오니 집안에 드리웠던 무거운 먹구름이 걷히는 것을 느꼈습니다. 엄마의 입에서 찬송이 나오고 아들의 표정이 달라지니, 망했지만 망한 집 같지 않은 기쁨이 넘쳤고 가장은 용기를 얻어 다시 사업을 일으켰다고 합니다. 아버지의 사업이 성공한 것보다 더 중요한 것은 그 아들의 믿음이 훌륭하게 성장했다는 것입니다. 이것은 어느 장로님께서 자신이 언제 하나님을 만났는지 간증할 때 하신 고백이었습니다. 자기가 중학교 1학년 때 머릿속에 하나님 생각이 났을 그때가 믿음의 기적이 일어나는 시간이었다고 말입니다.

여러분, 24시간 예수님을 바라보는 것은 그저 하루 종일 예수님만 묵상하라는 뜻이 아닙니다. 우리가 살아가다보면 별별 순간을 다 맞이하게 됩니다. 좋을 때도 있고 어려울 때도 있고 기막힐 때도 있고 눈앞이 캄캄할 때도 있습니다. 그런데 24시간 예수님을 바라보라는 것은 "어떤 순간에도 마음속에 예수님을 기억하라", "언제나 주님을 생각하라"는 것입니다.

> 내가 궁핍하므로 말하는 것이 아니니라 어떠한 형편에든지 나는 자족하기를 배웠노니 나는 비천에 처할 줄도 알고 풍부에 처할 줄도 알아 모든 일 곧 배부름과 배고픔과 풍부와 궁핍에도 처할 줄 아는 일체의 비결을 배웠노라 빌 4:11,12

여러분, 온전한 믿음이 준비되었습니까? 가난하고 어려울 때 바로 사는 것도 어려운 일이지만, 부하고 높아질 때 바로 사는 것은 더욱 어렵다는 것을 깨닫습니다. 이것이 준비되어야 합니다. 편안할 때도 환난의 때에도, 부할 때도 가난할 때도, 높아질 때도 낮아질 때도, 어떤 형편에든지 한결같이 예수님이 내 마음의 주님이신 자가 되어야 합니다. 우리가 믿음으로 산다는 것은 우리 마음에 항상 예수님을 생각하는 자가 된다는 것입니다. 이 훈련을 받아야 합니다. 이것을 깨달으면 어떤 상황도 이해가 되고 하나님의 섭리가 깨달아집니다. 하나님께서 그런 자를 통하여 역사하실 것입니다.

예수동행일기를 쓰시는 분 중에 명절을 예전처럼 보내지 않게 되었다는 말을 들었습니다. 정말 놀라운 일입니다. 명절이 오면 그동안 지켜온 믿음을 잃어버리고 영적으로 흐트러져 생활 습관이 무너지고 육체적으로 피곤하게만 보내기 일쑤인데, 24시간 주님을 바라보기만 하는데도 예수님은 우리의 삶에 엄청난 영향을 끼치실 수 있었던 것입니다. 여러분, 이 일이 작은 일입니까? 우리에게 부딪쳐 오는 모든 일이 다 믿음의 훈련입니다. 환경에 영향받지 않고 언제나 예수님을 바라볼 수 있는 자가 강한 자입니다. 그가 믿음의 사람입니다.

그렇습니다. 24시간 예수님을 바라보십시오. 주님은 우리를 이렇게 준비시켜 가십니다. 해도 되고 안 해도 되는 것이 아닙니다. 훈련되지 못하면 환난이 와도 유혹이 와도 무너지고 맙니다. 예수님과 24시간 동행하는 삶을 시작하시기를 축복합니다. 그 기간 중에 주님이 하실 것입니다.

11

| 시편 11편 1-7절 |

믿어지면
시험은 끝난다

시편 11편 말씀은 몹시 어려운 형편에 빠진 다윗의 고백으로 가장
주목해볼 구절은 3절 말씀입니다.

터가 무너지면 의인이 무엇을 하랴 시 11:3

터가 무너진다는 말의 의미는 인생의 기반이 무너진다는 뜻입
니다. 예를 들어서 병원에서 중병이라는 진단을 받았을 때, 사랑하
는 가족을 잃었을 때, 사업이 망하거나 직장을 잃었을 때 삶의 터
가 무너지는 것 같을 것입니다. 나라의 터가 무너지는 경우도 있
습니다. 전쟁이 나거나 불의한 권력이 정권을 잡았을 때 정말 터가
무너지는 것 같은 절망감을 경험하게 될 것입니다.

2절 말씀을 보면 다윗은 바르게 살려고 하지만 중상모략을 당
하며 더욱이 악인이 은밀한 곳에 숨어서 그를 해하려는 상황에 처
해 있습니다. 누군가 집요하게 자기를 죽이려고 쫓아다니는데 어
디서 공격해 올지 모르는 상황이라면 여러분은 어떻게 하시겠습니
까? 이처럼 인생의 터전이 다 무너져 내리는 것 같은 어려움을 만

났을 때 다윗은 하나님께 피해야 한다고 합니다.

내가 여호와께 피하였거늘 … 시 11:1

다윗이 누리고 있는 믿음을 노래하는 시편

시편 11편을 묵상하다가 왜 성도들이 시편 읽기를 힘들어하는지 알 것 같았습니다. 단순히 분량이 많아서가 아닙니다. 너무 옳은 말만 계속 나오기 때문입니다. "하나님을 믿으라", "하나님을 바라라", "하나님께 감사하라", "하나님을 찬양하라" 이렇게 정답과 결론만 말하는 것처럼 느껴지는 시편이 150편이나 계속되는 것입니다.

어떤 사람은 1절에 나오는 세상 사람들의 말이 더 귀에 솔깃할 것입니다

… 너희가 내 영혼에게 새같이 네 산으로 도망하라 함은 어찌함인가
시 11:1

누구든지 터가 무너지면 도망치고 싶은 생각부터 나기 마련입니다. 정말 난감한 처지에 빠지면 거짓말을 하든, 다른 사람에게 뒤집어씌우든, 악한 자와 타협을 하든, 어떤 도움이라도 받고 누구라도 붙잡아 우선 피할 길, 살길을 도모해보자는 생각을 하게 됩니

다. 누군가 다윗에게 그런 말을 했던 모양이고 그런 말에 다윗도 잠시 마음이 흔들렸을 수 있습니다. 그런데 다윗의 마음속에서 "하나님을 믿으라", "하나님의 뜻대로 살아라", "결국은 의로운 자가 승리한다", "하나님은 정직한 자를 만나주신다"라는 너무나 분명한 말씀이 들려왔습니다.

설교를 준비하면서 저는 어쩌면 그렇게 간단하게 하나님을 믿을 수 있을까, 터가 무너지는 어려움을 겪었는데 어떻게 그렇게 금세 하나님을 믿고 하나님을 바라고 하나님을 향한 찬양과 감사로 넘어갈 수 있는지 의아했습니다. 그럴 때 다시 한번 깨닫게 됩니다. 다른 성경도 마찬가지이지만 시편은 지식을 얻기 위해 읽어서는 안 된다는 것입니다. 새로운 지식을 얻으려고 시편을 읽는다면 시편은 세상없이 지겨운 성경입니다. 왜? 전혀 새로울 것이 없고 똑같은 이야기의 반복처럼 보이기 때문입니다. 그동안 설교를 준비할 때 저에게 가장 큰 스트레스가 되었던 것도, 어떻게 하면 성도들에게 새로운 말씀을 전해줄 수 있을까 하는 것이었습니다. 그래서 놀라운 것, 극적인 것, 강력한 것, 감동적인 것을 전하려고 했습니다. 그러나 시편을 보면서 그것이 얼마나 헛된 것인지 깨달았습니다. 무언가 새로운 지식을 얻으려면 시편은 너무 답답합니다. 새로운 것이 없습니다. 너무나 뻔한 내용입니다.

그러나 말씀을 묵상하다가 하나님께서 "새로운 말씀보다 이미 수없이 들어서 알고 있는 진리, 그것이 정말 믿어지고 누려지는지가 더 중요하다"고 말씀하시는 것을 깊이 깨달았습니다. 다윗 역시 시편 11편 말씀에서 우리에게 뭔가 새로운 말씀을 해주고 싶은 것이 아니라 실제로 그가 누리고 있는 놀라운 믿음을 그저 노래하고 있다는 사실을 알게 되었습니다. 하지만 본래부터 하나님이 믿어지는 사람은 없습니다. 그래서 다윗이 어떻게 터가 무너지는 순간에도 한결같은 믿음을 고백할 수 있는지 너무나 궁금해지는 것입니다.

믿어지고 누려지는 은혜

제가 조지 뮬러 목사님의 일기를 처음 보았을 때 중간쯤 읽다가 너무너무 답답해서 책을 던져버렸습니다. 조지 뮬러 목사님의 일기는 아무리 읽어도 새로운 내용이 나오지 않았습니다. 거의 모든 일기가 어려운 일이 생겼는데 하나님께 기도하고 믿었더니 이루어졌다는 내용의 반복이었습니다. 맨 마지막 부분을 봐도 역시 마찬가지였습니다. 그런데 그때 제 마음에 이상한 감동이 왔습니다. 수많은 교인들을 만나봤지만 다들 기도 응답에 대한 확신이 없고, 제대로 응답된 간증 하나 없는 분들이 많은데, 도대체 이분은 어땠길래 기도한 것마다 응답을 받았나 싶어 경외함을 가지고 다시 책을 읽기 시작했습니다.

그렇습니다. 하나님의 사랑, 임마누엘 예수님, 성령의 역사, 하나님의 나라와 영생, 기도의 축복은 정말 엄청난 진리이고 복음입니다. 우리가 모르는 것이 아닙니다. 그런데 문제는 그것이 믿어지고 누려지지 않는다는 것입니다. 터가 무너지는 것 같은 어려움을 당해도 하나님이 진짜 살아 계시고, 예수님이 나와 함께하시고, 성령님이 나를 도와주고 계신 것이 진짜 믿어지면 사람들이 하는 말을 따라갈 이유가 없습니다. 알기는 알지만 믿어지지 않으니까 예수 믿고도 거짓말하고, 조금만 이해관계가 얽히면 죄와 타협하고, 미워하고 싸우고 두려워하고 염려하면서 실제로 예수 믿는 축복을 하나도 누리지 못하고 사는 것입니다. '들었다', '알고 있다'고 해서 믿는 것이 아니라는 말입니다.

한 청년이 유학을 가면서 기도해달라고 저를 찾아왔습니다. 그리고 자신이 오랫동안 신앙생활을 하여 이미 성경의 모든 약속을 다 알지만 죄 사함에 대한 확신을 갖지 못해 괴로웠는데, 자신이 죄 사함의 확신을 가질 수 있도록 기도해달라고 부탁하였습니다. 그래서 제가 그 청년에게 물었습니다. "그런데 그것은 기도만 할 문제가 아니라 분명한 진리를 붙잡아야 되는 문제인데, 너는 네 마음에 성령님이 계신 것을 분명히 믿느냐?"라고 물었습니다. 그리고 성령의 내주하심이 죄 사함 받은 가장 확실한 증거임을 설명해 주었습니다.

우리는 하나님께서 자신의 죄를 사해주신 증거가 무엇인지 분명히 알아야 합니다. 그 증거는 성령께서 그 사람 안에 임하신 것입니다. 하나님께서 예수 그리스도로 인하여 우리의 모든 죄를 사하시고, 우리를 하나님의 자녀로 삼으시고, 우리가 예수님과 함께 십자가에 이미 죽고, 이제 예수님으로 사는 자가 되게 하셨다는 증거로 우리에게 보내주신 분이 성령이십니다. 그러므로 성령을 모시고 사는 사람은 이미 죄 사함을 받았다는 분명한 증거를 가지고 있는 것입니다. 이 말씀을 전해주었을 때 청년은 얼굴이 환하게 밝아지며 이렇게 고백했습니다. "저는 그동안 성령의 강권하심을 여러번 경험하였습니다. 그러니 저는 죄 사함 받은 증거를 너무나 분명히 가지고 살면서도 그동안 그것을 실제로 누리지 못했군요." 그리고 무거운 마음의 짐에서 놓임을 받았습니다.

여러분, 아무리 놀라운 복음을 들어도 실제로 누리지 못하면 아무 소용이 없습니다. 그러나 믿어지면 누가 뭐라고 해도 그 길을 담대히 걸어가게 됩니다. 아는 길을 가는 마음이 얼마나 담대합니까? 믿어지면 어떤 어려움도, 문제도, 시험도 거기서 다 끝나버립니다. 오늘 우리에게 중요한 문제는 내가 수없이 들어서 아는 놀라운 복음의 진리들이 믿어지느냐는 것입니다.

믿어지면 죽음도 기뻐할 수 있다!

하나님을 믿고 사는 자는 기쁨이 넘치는 삶을 살게 됩니다.

> 내 형제들아 너희가 여러 가지 시험을 당하거든 온전히 기쁘게 여기라
>
> 약 1:2

여러 가지 시험을 만나도 하나님이 함께하시는 길을 가고 있다

고 믿어지고, 그 길이 하나님이 축복하시는 길, 승리하는 길이라는 것이 진짜 믿어지면 기뻐할 수 있습니다.

일제 강점기에 우리나라의 터가 다 무너졌습니다. 한국 교회도 큰 어려움을 만났습니다. 그런데 그 어려움을 피할 길이 있었습니다. 신사참배를 하면 아무리 일제 치하라 해도 별 어려움이 없었습니다. 그러나 신사참배가 우상숭배임을 분명히 알고 신사참배를 거부하면 말할 수 없는 고초를 당했습니다. 주기철 목사님은 순교를 당했고 손양원 목사님도 투옥되어 큰 어려움을 겪었습니다.

1948년 10월 19일에 여수 순천 반란사건이 일어났습니다. 그때 청년들이 얼마나 요동했는지 모릅니다. 손양원 목사님의 두 아들 동인, 동신 군도 반란군을 피하라는 권면을 받았지만 두 아들은 "우리가 피할 곳은 예수님 품밖에 없습니다"라며 피하지 않았다가 공산당에게 붙들려서 총살 순교를 당했습니다. 6.25전쟁이 일어났을 때 선교사들이 손 목사님과 그의 가족들을 다 피난시키려고 애양원 앞 신풍리 앞바다에 배를 마련했습니다. 그러나 손 목사님은 "내가 피할 곳은 예수님의 품입니다"라고 말하며 나환자 성도들과 함께 애양원에 남아 있다가 1950년 9월 28일 순교의 죽음으로 주님 품에 영원히 안겼습니다.

여러분, 손양원 목사님이 무모한 죽음을 당한 것처럼 보입니까? 아닙니다. 그것은 한국을 살린 죽음입니다. 본문 1절 말씀과 같이 손양원 목사님이 도망하였다면 분명히 더 오래 사셨을 것입니다. 그러나 만약 그랬다면 우리 민족과 한국 교회는 어떻게 되었을까요? 얼마 전에 손양원 목사님 기념사업회를 만든다면서 저에게 이사로 참여해달라는 요청이 왔을 때 저는 두말하지 않고 하겠다고 했습니다. 교회에서 사단법인 출연기금도 보냈습니다. 정말 참여하게 된 것만으로도 영광입니다. 저는 손양원 목사님 같은 분들 때문에 하나님께서 한국 교회를 포기하실 수 없다고 믿습니다.

여러분, 어디서 이런 믿음이 나올까요? 진짜 살길, 정말 영광을 받는 길, 하나님 앞에 갔을 때 영원한 나라에서 진짜 상을 받는 그 길이 어떻게 그렇게 환히 보일까요? 죽음 앞에서도 어떻게 그 길을 갈 수 있을까요? 다윗의 시편을 읽기만 하지 말고 다윗의 삶을 따라 나도 그대로 살겠다고 결단해보시기 바랍니다. 우리가 시편을 읽을 때 꼭 그렇게 읽어야 합니다. "어떻게 하면 나도 한결같이 믿음을 고백하며 다윗처럼 살 수 있을까?" 바로 거기에 하나님의 계획이 있습니다. 믿음은 하나님이 주시는 것입니다. 그러나 믿음을 얻기 위하여 우리가 할 일도 있습니다. 다윗에게서 그것을 배울 수 있습니다. 다윗이 어떻게 했길래 그런 믿음을 가지게 되었을까요?

진짜 믿고 실제로 누려지는 것이 능력이다

내가 여호와를 항상 내 앞에 모심이여 그가 나의 오른쪽에 계시므로 내가 흔들리지 아니하리로다 시 16:8

다윗은 터가 무너지는 상황에서도 하나님이 함께하심이 믿겨졌습니다. 여호와 하나님을 항상 바라보고 살았기 때문입니다. 이것이 우리가 요즘 힘쓰는 24시간 예수님을 바라보는 것입니다. 그것을 매일 예수동행일기로 써보는 것입니다. 여러분, 24시간 예수님을 바라보고 매일 일기를 써보면 어떤 변화가 오나요? 하나님이 함께 계시는 것이 믿어집니다. 그렇다고 들어서 아는 것이 아닙니다. 터가 흔들리는 것 같은 위기 상황에서도 하나님이 믿어지는 것입니다.

여호와께서는 그의 성전에 계시고 … 시 11:4

다윗은 휘청거릴 만한 위기를 만났을 때, 하나님의 성전에 들어가 기도하며 하나님을 바라보았을 때 하나님에 대한 믿음을 다시 회복했던 것 같습니다. 그런데 여러분, 우리 자신이 하나님의 성전인 것을 아십니까? 하나님의 성령이 우리 안에 거하심으로 우리 몸이 성전이 되었습니다. 다윗이 위기의 때에 성전을 찾아 하나님의 얼굴을 바라보았다면, 우리는 이미 우리 안에 성령 하나님을 모시고 산다는 것을 알아야 합니다. 다윗은 성전에서 하나님을 바라보았지만 우리는 우리 안에 오신 성령 하나님을 통하여 언제 어디서나 예수님을 바라보고 삽니다. 이보다 놀라운 은혜가 어디 있을까요?

어느 해인가 고난주간 특별부흥회 때 드려진 감사헌금을 계룡

시에 있는 어느 교회의 예배당 건축헌금으로 보냈습니다. 그 교회 예배당이 완공되었을 때, 가서 예배를 드리며 크게 감격했습니다. 그 교회가 개척되어 빌딩에 세를 들어 자리를 잡아가다가 하루아침에 위기가 왔습니다. 건물주의 부도로 전세금을 다 잃어버리고 쫓겨 나오는 형편이 된 것입니다. 그 교회 담임목사님의 다급했던 전화 내용이 지금도 생생합니다. 목사님은 땅이 꺼질 것 같은 절망감에 사로잡혀 계셨습니다. 개척교회가 전세 보증금을 잃고 길거리에 나앉게 되었다는 것은 그야말로 터가 무너지는 일이었을 것입니다.

그러나 당황스럽던 와중에 기도하면서 깨달아지는 것은 건물과 돈은 사라졌지만, 여전히 하나님이 계시고 교인들을 잃어버리지 않은 것이 보였다고 합니다. 그러자 마음에 용기가 생겼고 다시 소망을 가지고 한 걸음 한 걸음 나아가던 중 신기하게도 그 건물 바로 옆 공터가 매물로 나와 그것을 살 수 있게 되었고, 믿음으로 예배당 건축을 시작하면서 저희 교회뿐 아니라 여기저기서 도움의 손길이 당도하여 1년 만에 예배당을 완공하게 된 것입니다.

대전 지역에 있는 한 교회 부흥회 마지막 날 새벽 집회에 감사헌금 함에 부고가 올라온 것을 보고 저는 깜짝 놀랐습니다. 교인 중에 소천하신 분이 계셔서 강사인 저에게 교회 장례식 광고를 해달라는 줄 알았습니다. 그런데 "2011년 2월 9일 밤 9시 아무개는 죽었다" 그렇게 적혀 있고 자세히 보니 그것은 감사헌금이었습니다. 전날 밤 '나는 죽고 예수로 사는 사람'이라는 설교 후 그것을 결론

삼아 자신의 죽음을 선포한 것이었습니다. 교우들이 그 사실을 듣고 깜짝 놀랐지만 모두 기쁘게 받아주었습니다. 여러분, 듣기만 해서는 아무 능력이 없습니다. 알고 있다고 해도 능력이 있는 게 아닙니다. 내가 그것을 진짜 믿고 실제로 누려지게 되어야 그것이 능력이 됩니다.

터가 무너져도 이길 담대한 믿음

우리 교회는 큰 예배당을 건축하였지만 건축 빚이 아직 많습니다. 그런데 하나님은 저에게 우리 교회의 건축비 부채가 이미 다 해결되었다는 믿음을 주셨습니다. 그것을 막연히 믿는 것이 아닙니다. 하나님께서 분명한 증거를 주셨습니다. 예배당을 완공한 해에 부도 위기가 왔습니다. 이자도 갚을 수 없는 상황이 되었지만 이미 약속된 미국 부흥회 일정이 있어서 꼭 다녀와야만 했습니다.

미국 집회를 마치고 한국으로 돌아오는 비행기에 탔을 때 갑자기 심장을 칼로 찌르는 듯한 고통이 찾아왔습니다. 숨을 쉴 수 없는 극한 통증에 죽을 것만 같았습니다. 그동안 저는 매주 가슴을 졸이며 지냈습니다. 건축비 부채를 어떻게 상환해야 하는지, 예배당은 크게 지었는데 교인들이 반도 채워지지 않은 상태에서 예배를 드릴 때마다 보통 스트레스가 아니었습니다. 선한목자교회 담임목사의 자리가 저에게 너무 힘에 겨웠습니다. 그런데 한 주간의 미국 집회를 마치고 한국으로 돌아올 때 그 모든 스트레스가 한꺼번에 겹친 것입니다.

그때 가슴을 움켜쥐고 외마디처럼 드렸던 기도가 있습니다. "예수님, 저는 죽었습니다. 저 유기성은 죽었습니다. 선한목자교회의 담임목사는 예수님입니다." 그 고백을 몇 차례 하는데 서서히 숨이 쉬어지고 평안해졌습니다. 그 순간 놀라운 일이 벌어졌습니다. 가슴의 통증이 사라진 것만 아니리 교회 건축비 부채를 하나님이 해결해주셨다는 것이 믿어지는 것입니다. 믿어진다는 것이 신비했습니다. 믿어지면 모든 문제, 모든 시험이 다 끝이 나는 것입니다. 믿어지는데 걱정할 것이 있겠습니까. '하나님이 해결해주셨구나! 이미 문제는 끝난 거구나!' 믿어지니까 빨리 교회로 돌아가고 싶어졌습니다. 빨리 돌아가서 하나님이 역사하시는 기적의 현장을 보고 싶었습니다.

그런데 그때 궁금해서 하나님 앞에 드린 질문이 있었습니다. "하나님께서 빚도 갚아주시고, 예배당도 채워주시고, 하나님이 다 하시는 거라면 저는 무엇을 하면 됩니까?" 그때 하나님께서 즉시 응답해주셨습니다. "사랑하는 거지!" 그 순간 비행기가 막 이륙하였는데 그때 얼마나 울었는지 모릅니다. 너무 행복해서 울었습니다. 세상에 이렇게 행복해도 되는 겁니까. "걱정, 염려하지 말고 사랑만 하며 살라." 제가 할 일은 하나님께서 저를 사랑하셨듯이 교역자를 사랑하고, 장로님들을 사랑하고, 교인들을 사랑만 하며 살면 된다는 것뿐이었습니다.

여러분, 아무리 말씀을 들어도 그 말씀이 믿어지지 않으면 여전히 인생의 짐은 너무 무겁습니다. 어떤 때는 차라리 죽고 싶은 생각이 들고, 그냥 다 버려두고 도망치고 싶고, 세상과 타협하고 싶은 유혹이 생깁니다. 그런데 말씀이 믿어지면 그렇게 하라고 해도 그리할 이유가 없지 않습니까. 다윗에게만 그런 믿음이 생기는 것이 아닙니다. 누구나 예수님을 바라보며 말씀에 순종하는 자에게 터가 무너져도 이길 담대한 믿음이 생깁니다. 사는 길, 축복의 길로 갈 수 있는 길이 대로처럼 열립니다.

우리가 피할 곳은 하나님밖에 없다

어느 날 제 아내가 인도네시아에 있는 어느 한인교회 사모님의 예수동행일기를 저에게 소개해주었습니다. 깊은 감동을 받아 여러분에게도 소개해드리려고 합니다. 한번은 교회에서 부흥회가 있었고 훌륭한 강사님이 오셔서 많은 은혜를 받았다고 합니다. 집회가 끝나고 식당에서 식사 대접을 마친 뒤 이제는 강사님이 한국으로 돌아가기 위해 공항으로 가야 하는 길인데 그만 문제가 생겼습니다. 그 강사 목사님을 태우고 갔던 운전기사가 가방과 함께 바람같이 사라진 것입니다. 아무리 전화를 해도 2시간째 연락이 안 된다는 것입니다.

사모님이 연락을 받고 식당으로 달려갈 때 하나님께서 "네 마음을 지키라"는 마음을 주셨다고 합니다. 사모님도 "하나님이 지켜주세요. 주님, 붙들어주세요" 하고 소리내어 기도했습니다. 그리고 좋은 생각만 하기로 했습니다. 요즘 한국인들의 차를 훔치는 기사들이 있다는 이야기를 듣기는 했지만 자신을 돕는 기사는 그런 일을 할 사람이 아니라고 믿었습니다. 그를 판단하지 않기로 했습니다. 그러나 끝내 기사는 나타나지 않았고 강사 목사님은 여권만 들고 공항으로 향하게 되었습니다. 그런데도 강사 목사님 내외뿐 아니라 어느 누구 하나 마음이 흔들리지 않았습니다. 왜 이런 일이 벌어졌는지, 누가 잘못했는지, 어떻게 하면 좋을지 단 한마디도 하지 않고 그냥 다 주님께 맡기고 부흥회 때 주신 은혜만을 나누었다고 합니다.

옳고 그른 것을 판단하지 않는 삶, 용서하는 삶, 그 삶을 통해 안식이 있는 삶, 그리고 믿음으로 주님께 확증하는 삶, 그것에 순종하는 삶, 놀라운 역사가 있는 삶, 이것이 부흥회 때 주신 말씀들이었는데 다들 그 말씀에 문제를 맡기고 계속 주님을 부른 것입니다. 결국 짐을 찾지 못했지만 강사님도 시종 편안한 얼굴로 비행기에 오르셨고, 그 순간까지 여전히 은혜가 넘쳤다고 합니다.

그런데 밤 10시에 그 기사가 돌아왔습니다. 기사는 잔뜩 긴장을 하고 풀이 죽어 있었습니다. 그 기사의 손에 목사님의 가방이 들려 있었습니다. 사모님은 아무 말도 하지 않았습니다. 평소에도 약간 생각이 모자라 간혹 힘든 일이 있었는데, 주님이 주시는 마음을 품고 아무런 책망도 하지 않기로 한 것입니다. 알고 보니 그날 그 기사는 다른 주차장에서 계속 전화를 기다리고 있었다고 합니다. 전화 연결이 좋지 않아 전화벨도 울리지 않은 것입니다. 그런데 사모님의 몸이 너무 떨려서 '하나님, 제 몸이 지금 왜 이렇게 떨립니까?' 참 이상하다고 생각했는데 그것이 꼭 기사의 마음 같았다고 합니다. 하나님께서 사모님의 마음에 그 기사의 마음을 부어주신 것입니다. 한국으로 돌아갈 강사 목사님의 가방을 가지고 들어오는 그 기사의 발걸음이 얼마나 처참했을지, 한편으로 늦은 밤까지 하염없이 기다려주었던 기사가 오히려 고맙게 느껴지며 눈물이 났다고 합니다. 그 기사는 나름 최선의 행동을 한 것이었기에 화낼 일도 아니었고 화가 나지도 않았다고 합니다. 그 사모님이 일기 마지막에 이렇게 쓰셨습니다.

우리는 정말 말씀대로 테스트를 강하게 받았다. 넘어지지 않고 그 시간까지 평안한 가운데 기다리게 하신 주님, 너무 감사하다. 그리고 목사님과 나 그리고 집사님, 전도사님 모두 은혜를 쏟지 않아 감사했다. 모든 성도의 짐을 짊어지고 승리한 느낌이 들었다. 그래서 더 감사했다. 난 어떤 일에도 흔들리지 않겠다 다시 결단하고 잠자리에 든다. 주님, 정말 감사합니다. 그리고 주님, 찬양합니다. 주님이 하셨습니다. 아멘.

여러분, 터가 무너지는 것 같은 일이 일어나도 두려워하지 마시기 바랍니다. 터가 무너져도 우리가 피할 곳은 하나님밖에 없습니다. 터가 무너져도 살길이 있습니다. 그 길이 진짜 사는 길이고 문제 해결의 길입니다. 큰길입니다. 시온의 대로입니다. 우리가 할 일은 오직 하나님을 믿고 바라보는 것입니다. 항상 주님을 바라보는 것입니다. 그러면 하나님께서 반드시 믿음을 주십니다. 그러면 문제는 끝난 것입니다. 다윗처럼 항상 하나님을 바라보고 고백하며 찬송하면서 살기를 축복합니다.

12

말보다 삶으로
믿음을 증거하라

시편 기자인 다윗은 지금으로부터 3천 년도 더 넘는 옛날 사람입니다. 그러니 다윗이 살던 당시 사회 문화는 오늘과 매우 큰 차이가 있을 것입니다. 그런데 시편을 읽고 묵상하다보면 그 시대나 우리 시대나 큰 차이가 없어 보이는 것이 있습니다. 시편 12편 당시나 지금이나 하나님을 무시하고 말을 함부로 하는 사람들이 많다는 것입니다.

여호와여 도우소서 경건한 자가 끊어지며 충실한 자들이 인생 중에 없어지나이다 그들이 이웃에게 각기 거짓을 말함이여 아첨하는 입술과 두 마음으로 말하는도다 시 12:1,2

비열함이 인생 중에 높임을 받는 때에 악인들이 곳곳에서 날뛰는도다 시 12:8

다윗은 하나님을 정말 믿고 말 한마디라도 하나님을 의식하고 말하는 사람, 경건한 자, 신실한 자가 점점 사라지고, 거짓말하고 악한 말을 하고 남을 속이고 두 마음으로 말하는 사람들이 많은 것으로 인하여 탄식하고 애통해합니다. 수천 년이 지난 지금 우리도 똑같은 탄식을 하지 않습니까? 우리의 고통이나 다윗의 고통이나 동일합니다. 하나님을 무시하고 온갖 악한 말을 하는 사람들과 함께 살면서 어떻게 하나님을 잘 믿을 수 있느냐 하는 것입니다.

다윗은 하나님께 깊이 기도하면서 하나님의 음성을 듣습니다.

여호와의 말씀에 가련한 자들의 눌림과 궁핍한 자들의 탄식으로 말미암아 내가 이제 일어나 그를 그가 원하는 안전한 지대에 두리라 하시도다 시 12:5

하나님의 말씀을 듣고 다윗은 마음의 두려움과 갈등에서 벗어납니다. 그리고 확신을 가집니다. 하나님께서 말씀하셨다면 하나님께서 반드시 이루실 것이기 때문입니다. 주위 사람들이 다 하나님을 부인하고 말을 함부로 하면서 세력을 장악하고 다윗을 괴롭히고 있습니다. 그런 상황에서 하나님을 믿는 것은 정말 어려운 일입니다. 그러나 다윗은 사람들의 말과 하나님의 말씀은 차원이 다르다고 생각했습니다. 때때로 하나님의 말씀이 현실과 너무 다르게 보이지만, 다윗은 하나님께서 말씀하셨기 때문에, 하나님께서 반드시 하나님을 믿고 의롭게 사는 자를 지키고 보호해주신다고 믿었습니다. 하나님의 말씀만이 진실하고 확실한 약속임을 믿었습니다. 그래서 하나님이 다윗을 좋아하셨던 것입니다. 하나님이 말씀하시면 그것을 응답으로 확실히 믿었기 때문입니다. 이 믿음이 다윗을 다윗 되게 한 것입니다. 누구나 다윗처럼 하나님의 말씀을 믿으면 하나님께서 그를 위대하게 사용하실 것입니다. 이것이 시편 12편의 교훈입니다.

하나님의 말씀 vs 말씀을 전하는 자

그런데 저는 시편 12편을 묵상하는 가운데 전혀 생각지 않은 구절을 통해 하나님께서 저를 다루신다고 느꼈습니다. 그리고 하나님께서 이 말씀을 여러분과 함께 나누라고 하신다는 것을 알았습니다.

> 여호와의 말씀은 순결함이여 흙 도가니에 일곱 번 단련한 은 같도다
>
> 시 12:6

이 말씀은 다윗이 하나님의 말씀이 얼마나 순수한가, 하나님의 말씀이 얼마나 완전한가, 하나님의 말씀이 얼마나 놀라운가를 고백하는 내용입니다. "여호와의 말씀이 흙 도가니에 일곱 번 단련한 은 같다"는 것은 하나님의 말씀은 찌꺼기가 조금도 섞이지 않은 순수함 그 자체라는 것입니다. 하나님의 말씀은 순수하고 거짓이 없습니다. 그 어떤 왜곡도 없습니다. 하나님이 말씀하셨으면 그대로 이루어집니다. 영원합니다. 그러므로 다윗이 하나님의 말씀을 받

앉으면 그것으로 충분했던 것입니다.

저는 이 말씀을 묵상하며 이 말씀과 하나님의 말씀을 전하는 저 자신을 비교해보았습니다. 여러분도 잘 알듯이 저는 설교하는 사역을 주로 하는 목사입니다. 저에게 있어서 가장 중요한 사역이 하나님의 말씀을 선포하는 사역입니다. 저는 존귀하신 하나님의 순수하고 완전하고 영원한 말씀을 가르치고 선포하는 것을 기쁘고 자랑스럽게 여겼습니다. 그런데 하나님의 말씀은 흙 도가니에 일곱 번 단련한 은처럼 순수한데 반해 하나님의 말씀을 맡은 저는 너무 더럽고 추한 것을 보게 하셨습니다.

하나님의 말씀이 순수하고 귀한 것만으로 충분하지 않습니다. 그 말씀을 전하는 저도 순수해야 하나님의 말씀이 어그러짐 없이 전해지는 것입니다. 말씀을 전하는 통로인 저에게 문제가 있으면 하나님의 말씀이 순수한 그대로 전해지지 않을 것입니다. 그것이 저를 깊은 충격과 고통에 빠지게 했습니다. 4절에서는 하나님의 말씀을 무시하고 함부로 말하고 하나님을 대적하고 거짓말하고 두 마음으로 말하고 아첨하는 말을 하는 사람들이 영적으로 어떤 상태에 있는지에 대해서 말씀합니다.

그들이 말하기를 우리의 혀가 이기리라 우리 입술은 우리 것이니 우리를 주관할 자 누구리요 함이로다 시 12:4

"우리의 혀가 이기리라"는 말은 내 말이 항상 옳다는 뜻입니다.

"우리 입술을 주관할 자 누구리요" 이 말은 자기가 옳다고 생각하면 옳다고 말하고, 자기가 주장하는 싶은 것을 주장하는 사람이라는 것입니다. 그 말은 하나님께서 그의 혀를 통제할 수 없는 사람, 그러니까 하나님도 그를 어찌하지 못하는 사람이라는 뜻입니다. 이런 사람의 영적인 상태를 성경은 이렇게 말하고 있습니다.

> 그 때에 이스라엘에 왕이 없으므로 사람이 각기 자기의 소견에 옳은 대로 행하였더라 삿 21:25

너는 괜찮으냐?

하나님께서 저에게 "너는 괜찮으냐?"라고 물으시는 것 같았습니다. 저는 하나님에 대해서 함부로 말하는 사람은 아닙니다. 저는 악한 말, 더러운 말, 험한 말을 함부로 하지 않습니다. 설교자이자 성경을 가르치는 사람답게 말하려고 조심합니다. 그렇지만 "하나님께서 내 혀를 다스리고 계신가?"라고 묻는다면 그 점에 대해서는 자신이 없었습니다.

제가 목사의 아들로 태어나 신학교에 들어가 목사가 되었지만, 십자가의 복음을 깨달은 것은 그로부터 한참 뒤였습니다. '나는 죽고 예수로 사는' 복음이 무엇인지 알게 되었을 때 저는 큰 충격을 받았습니다. 정말 놀라운 일이었습니다. "나는 죽고 예수로 사는 거구나", "예수님이 내 마음에 계시구나", "예수를 믿는다는 것은 예수님과 한몸이 되는 거구나" 저는 이 모든 진리가 황홀했습니다. 그때부터 저는 복음을 분명히 알지 못하는 사람을 만날 때, 복음과 진리를 올바로 가르쳐주어야 한다는 거룩한 사명감으로 제가 깨달은 복음, 알고 있는 진리에 대하여 자주 논쟁하기도 했는데 그 때마다 저도 모르게 말을 많이 하곤 하였습니다. 그것이 복음에 대한 열정이고 진리에 대한 확신이라고 생각했습니다.

그런데 지나고 보니 제 의도와 전혀 다른 결과가 나타나는 것을 보았습니다. 저는 복음을 더 분명히 말하고 싶었고, 진리가 무엇인지 더 명확히 가르치고 싶었을 뿐인데, 그 과정에서 영적으로 교만하게 비춰거나 사람들의 마음을 상하게 하거나 거부감을 갖게 하는 일이 생긴 것입니다.

우리가 다 실수가 많으니 만일 말에 실수가 없는 자라면 곧 온전한 사람이라 능히 온 몸도 굴레 씌우리라 약 3:2

온전한 사람은 말에 실수가 없는 사람이라고 했는데, 저는 온전한 사람이라고 할 수 없었습니다. 복음도 성경의 진리도 완벽했지만 말씀을 전하는 제가 부족하고 더러운 자이기 때문에 말씀의 영광을 드러내지 못한 것입니다.

사도 바울은 사랑하는 제자 디모데에게 다음과 같이 권면했습니다.

너는 그들로 이 일을 기억하게 하여 말다툼을 하지 말라고 하나님 앞에서 엄히 명하라 이는 유익이 하나도 없고 도리어 듣는 자들을 망하게 함이라 딤후 2:14

어리석고 무식한 변론을 버리라 이에서 다툼이 나는 줄 앎이라 딤후 2:23

사도 바울은 당대 최고의 논쟁자였습니다. 그 당시 철학은 말 잘하는 사람, 수사학이나 논리학을 통해 자기가 주장하려는 바를 상대방에게 설득력 있게 말할 수 있는 사람을 최고로 쳤습니다. 그런 사람들 속에서 사도 바울이 최고였다는 것입니다. 그러나 그는 논쟁으로는 결코 복음이 전해지지 않는다는 것을 알았습니다. 오히려 화만 돋우고 분란만 일으키고 상대의 마음 문을 닫히게 만들었습니다. 그래서 하나님을 믿지 않는 사람, 경건하지 못한 사람, 말을 함부로 하는 사람들에게도 복음을 전해야 하지만 말다툼은 하지 말도록 권한 것입니다.

하나님의 말씀 vs 우리의 말

여러분, 논쟁을 해보셨다면 다 경험하셨을 것입니다. 처음에는 진리가 무엇인가, 무엇이 정말 옳은가로 시작하지만 논쟁을 하다보면 나중에 진리를 변호하는 것이 아니라 자기 입장만 이야기하고 자기를 변호하는 쪽으로 말이 흘러갑니다. 어거스틴은 늘 "저 자신을 변호하려는 욕망에서 항상 저를 고쳐주소서"라고 반복해서 기도했다고 합니다. 엘리야는 위대한 선지자입니다. 능력 있는 하나님의 종이었습니다. 그는 갈멜산에서 우상을 섬기는 850명의 거짓 선지자들 앞에서 담대히 하나님의 살아 계심을 선포하고 영적 전쟁을 제안하여 큰 승리를 거두었습니다. 그러나 이세벨이 자신을 죽이려 하자 그는 하나님께 이렇게 기도합니다.

… 여호와여 넉넉하오니 지금 내 생명을 거두시옵소서 … 오직 나만 남았거늘 그들이 내 생명을 찾아 빼앗으려 하나이다 왕상 19:4,10

그때 하나님께서 엘리야에게 대답하셨습니다.

그러나 내가 이스라엘 가운데에 칠천 명을 남기리니 다 바알에게 무릎을 꿇지 아니하고 다 바알에게 입맞추지 아니한 자니라 왕상 19:18

깨달으시기 바랍니다. 우리가 한 입으로 믿음을 말하고 복음과 진리를 말하지만, 또 한 입으로 탄식하고 원망하고 실언할 때가 얼마나 많습니까? 하나님의 말씀은 너무나 순수하지만 우리의 말은 순수하지 못합니다. 그러니 이런 우리의 말로 어떻게 하나님의 말씀을 온전히 변증할 수 있겠습니까? 논쟁하면서 자신의 온전함을 지킬 수 있는 사람은 없습니다. 항상 자신을 변호하려는 욕망이 바로 우리가 가진 죄성입니다.

사람들이 우리에게 진리가 무엇인지 물으면 기쁘고 담대히 고백하고 간증하고 선포해야 합니다. 그러나 그러다가 논쟁으로 흐르게 된다면 여러분은 거기서 조용히 끝내야 합니다. 나는 죽고 예수로 사는 십자가 복음을 전해야 하지만 논쟁이 되면 그 자리에서 일어서야 합니다. 여러분, 십자가의 복음, 임마누엘 예수님, 성령의 내주하심, 그리고 영원한 하나님의 나라는 논쟁으로 이해될 수 없는 진리입니다. 그것은 오직 성령께서만 깨닫게 하실 수 있습니다. 예수님도 재판을 받을 때 논쟁하지 않으셨습니다. 침묵하셨습니다.

그렇다면 아무 말도 하지 않는 것이 옳은 것인가요? 가만히 있는 것만 잘하는 것입니까? 그렇지는 않습니다. 말로 해결하려고 하지 말라는 것뿐입니다. 안타깝게도 우리는 모든 것을 말로 해결하려는 조급함이 있습니다. 그러나 우리의 말이 얼마나 불완전한지 알아야 합니다. 가장 비효율적인 방법이 말로 가르치고 주장하고 설득하려는 것입니다.

삶으로 가르치는 것만 남는다

싸우는 데는 다 이유가 있다고 생각하며 늘 다투면서 지내던 집사님 내외가 있었습니다. 그러던 어느 날 교회에서 실시한 부부 세미나에 참석해서 자신들의 잘못을 깊이 깨달았습니다. 자신들이 그동안 하나님께서 "그만 화를 그쳐라"라고 하셔도 싸움을 계속하고,

"먼저 용서하고 사랑하라" 하시는데도 거부하고 살았음을 깨달은 것입니다. 그동안 부부싸움을 했던 이유가 마음속에 오신 하나님의 말씀의 권위를 무시했기 때문임을 회개하는 놀라운 역사가 일어났습니다. 그리고 자신들이 싸우면서 지낼 때 자녀들에게 얼마나 나쁜 영향을 끼쳤을지 걱정이 되었습니다.

그래서 세미나를 마치고 집으로 돌아와 두 아이를 불렀습니다. 그리고 세미나를 통해 받은 은혜를 간증하며 아이들에게 이렇게 제안했다고 합니다. "이제부터는 너희가 가고 싶을 때 교회에 가도 좋다. 교회 가기 싫은 마음이 들면 억지로 가지 않아도 좋다. 지금까지 헌금할 돈을 너희에게 주었는데 이제부터 너희들이 헌금하고 싶을 때 너희 돈으로 헌금하고, 헌금하기 싫으면 안 해도 좋다." 그리고 어떻게 할지 묻자 아이들이 엄마 아빠 눈치를 살피길래 솔직히 말해도 된다고 몇 번이나 다짐을 하자 두 아이 모두 "우리 돈으로 헌금해야 된다면 헌금을 안 하겠다. 주일에 교회에 가지 않아도 된다면 가지 않겠다"고 말해서 부부가 깜짝 놀랐다는 것입니다.

그동안 자녀들이 예수를 잘 믿는 줄 알았더니 실제로는 예수님을 안 믿고 있었던 것입니다. 아이들은 예수 잘 믿는다는 부모에게서 사랑과 용서를 보지 못했습니다. 그들이 경험한 것은 미움과 다툼뿐이었습니다. 다행히 아직 어린아이들이었기 때문에 변화된 부모의 영향으로 예수님이 정말 살아 계시고 자신들과 함께 계신 것을 고백하게 되었습니다. 스스로 예배에 나오고 스스로 자기가 받은 용돈에서 헌금하는 아이들이 되었습니다. 여러분, 우리가 알고 있는 복음과 진리는 너무나 놀라운 것이지만 우리의 말로 표현될 때 항상 한계가 있습니다. 그것이 논쟁이 되면 더 왜곡되고 맙니다. 자녀를 하나님의 말씀으로 양육하려면 말로 해서는 안 됩니다. 삶을 통해 증거될 때만 진리는 진리가 되고 복음은 복음이 되는 것입니다.

우리의 마음을 바꾸시는 하나님의 계획

그러면 어떻게 삶으로 우리의 믿음이 증거되고 또 복음이 전해질수 있을까요? 여러분이 만일 자신의 삶으로 하나님의 말씀을 증거해보려고 노력을 한다면, 그러면 이미 불가능한 일을 하고 있는 것입니다. 노력해서는 안 됩니다. 노력해서 될 일이 아닙니다. 그럼 어떻게 해야 할까요? 마음이 바뀌어야 됩니다. 여러분의 마음이 바뀌면 저절로 전해집니다. 저절로 되어야 그것이 진짜입니다.

사람이 자기가 좋아서 하는 일은 아무도 못 말립니다. 사람들은 돈을 버는 일이라면 무슨 일이든 다 합니다. 저는 낚시하는 사람, 절벽 타는 사람을 보면 정말 이해가 안 됩니다. 어떻게 하루 종일 낚싯대를 드리우고 있을 수 있을까요? 그 위험한 절벽을 왜 오르는 것일까요? 마음이 그렇게 하고 싶기 때문입니다. 그러면 못 말리는 일입니다. 마음이 달라지면 어려울 게 없어집니다. 하나님의 말씀을 지키기가 어렵다면 그것은 하나님을 사랑하는 마음, 하나님의 말씀을 지키며 살고 싶은 마음이 없는 것입니다. 하나님의 명령이 어렵다 힘들다고 하는 것은 다 쓸데없는 소리입니다. 마음이 없으니까 힘든 것입니다. 삶이 바뀌려면 마음이 바뀌어야 합니다. 그래서 하나님의 계획은 우리의 마음을 바꾸는 것입니다.

또 새 영을 너희 속에 두고 새 마음을 너희에게 주되 너희 육신에서 굳은 마음을 제거하고 부드러운 마음을 줄 것이며 겔 36:26

이것이 하나님의 계획입니다. 하나님은 우리에게 성령 하나님을 보내시는데 그것은 우리의 마음을 바꾸기 위해서입니다. 굳은 마음은 하나님의 말씀대로 사는 것이 "어렵다", "힘들다", "불가능해" 이렇게 생각하는 마음이고, 부드러운 마음은 "하나님의 말씀대로 사는 것이 좋아", "하나님의 말씀대로 살고 싶어" 하는 마음입니다.

또 내 영을 너희 속에 두어 너희로 내 율례를 행하게 하리니 너희가 내 규례를 지켜 행할지라 내가 너희 조상들에게 준 땅에서 너희가 거주하면서 내 백성이 되고 나는 너희 하나님이 되리라 겔 36:27,28

이 말씀은 우리가 하나님의 백성이 되는 원리입니다. 하나님의 백성은 성령 하나님을 마음에 모시고 하나님의 말씀대로 살고 싶은 마음으로 바뀐 사람입니다. 이것은 정말 신비한 일입니다. 마음이 바뀌고 나니 예배드리는 것이 즐겁고 기도하고 싶고 말씀을 보고 싶고 하나님의 말씀대로 살고 싶습니다. 그래서 마음을 새롭게 하라고 하는 것입니다.

마음이 바뀌면 삶이 달라진다

너희는 이 세대를 본받지 말고 오직 마음을 새롭게 함으로 변화를 받아 하나님의 선하시고 기뻐하시고 온전하신 뜻이 무엇인지 분별하도록 하라 롬 12:2

마음이 변화되는 일이 먼저입니다. 그래서 예수님이 우리 마음에 오셨습니다.

너희는 믿음 안에 있는가 너희 자신을 시험하고 너희 자신을 확증하라 예수 그리스도께서 너희 안에 계신 줄을 너희가 스스로 알지 못하느냐 그렇지 않으면 너희는 버림 받은 자니라 고후 13:5

예수님이 우리 안에 오시면 우리 마음이 바뀝니다. 저는 은밀하게 죄짓는 데는 선수였습니다. 아니 그게 무슨 자랑이라고 이야기를 하느냐 하실 분도 계시겠지만, 저는 어려서부터 모범생이라는 말을 들었습니다. 그 말은 사람들 앞에서 행실이 바르고 성실하여 칭찬을 들었다는 것입니다. 그러나 사람들이 보지 않을 때도 올바르고 경건한 사람이었다는 말은 아닙니다. 저 혼자 있을 때, 또 제 마음속으로 저는 정말 말할 수 없이 더럽고 부끄러운 사람입니다. 욕심, 음란, 거짓, 교만의 죄가 꽉 차 있었습니다. 제 자신이 가증하게 느껴졌고 이런 죄책감에 목회를 그만두려는 생각까지 했습니다. 하지만 괴로워만 할 뿐 제 마음속에 있는 이 더럽고 악한 것들은 해결되지 않았습니다.

그런데 놀라운 일이 벌어졌습니다. 예수님이 제 마음에 계신 것을 알게 되고 정말 믿게 되면서부터 은밀한 죄를 짓는 것이 불가능해졌습니다. 저에게 혼자 있는 은밀한 시간은 주님과의 은밀한 은혜의 시간이 되었습니다. 예수님이 제 마음에 계신데, 어떻게 더럽고 악하고 음란하고 교만한 마음이 품어질까요? 그런 생각이 떠오를 수는 있어도 마음속에 품어지지 않았습니다. 진짜 예수님은 우리 마음을 바꾸시는 분입니다.

마음이 바뀌니 삶이 달라집니다. 하나님의 말씀을 삶으로 충분히 살아낼 수 있습니다. 우리가 하는 일이 아닙니다. 우리가 할 일은 마음을 열고 예수님을 내 마음의 왕으로 영접하는 것입니다. 내 마음에 예수님의 왕 되심을 선포하고, 예수님이 내 마음에 오셨음을 진짜 믿는 것입니다.

하나님께로부터 난 자는 다 범죄하지 아니하는 줄을 우리가 아노라 하나님께로부터 나신 자가 그를 지키시매 악한 자가 그를 만지지도 못하

느니라 요일 5:18

하나님이 우리를 사랑하시는 사랑을 우리가 알고 믿었노니 하나님은 사랑이시라 사랑 안에 거하는 자는 하나님 안에 거하고 하나님도 그의 안에 거하시느니라 요일 4:16

그러면 이 말씀이 그대로 이루어집니다. 여러분, 요한일서 4장에는 8절과 16절에 하나님은 사랑이시라고 말씀합니다. 저는 이 말씀이 사랑을 달라고 구하지 말라는 뜻처럼 읽힙니다. "하나님, 저에게 사랑을 주세요", "사랑하게 해주세요", "용서하게 해주세요" 이런 기도는 응답되지 않습니다. 여러분이 정말 사랑을 원한다면, 누군가를 정말 사랑하고 싶고 용서하고 싶다면 하나님을 구하시기 바랍니다. 여러분 안에 하나님을 구하십시오. 하나님이 사랑이십니다. 여러분이 진짜 구할 대상은 하나님이십니다. "나는 죽었습니다. 예수님이 내 생명이십니다." 이것이 바로 사랑입니다.

삶으로 전해지는 복음과 진리

교회 직분을 가진 임원 훈련의 필독서로 남아프리카 공화국 요하네스버그에서 목회를 하시는 데이비드 케이프 목사님의 《종의 마음》(토기장이)이라는 책을 추천해드린 적이 있습니다. 그런데 《종의 마음》보다 앞서 출간되었던 책 《예수를 위한 바보》가 출간되면서 출판사로부터 추천사를 부탁받게 되었습니다.

성공적으로 목회하던 데이비드 케이프 목사님에게 어느 날 주님이 "거리로 나가 사람들의 발을 씻겨주라"고 말씀하셨습니다. 너무 당황스러운 부르심 앞에 이것이 진짜 하나님의 말씀인지 그 부르심을 거듭 확인한 목사님은 모든 사역을 내려놓았습니다. 가족과 함께 십자가에 대야를 매달고, 주님이 명령하시는 곳이면 어디든지 가서, 만나는 사람 앞에 무릎을 꿇고 그 사람의 발을 씻겨주기 시작했습니다. 그가 처음 순종해서 갔던 도시가 요하네스버그 근처의 소웨토라는 도시인데 범죄의 도시로 악명이 높은 곳이었습니다. 백인이 들어갔다가는 살아나오기가 어렵다는 곳에서 일곱 명의 부랑자에게 끌려가 죽을 뻔한 위기를 겪기도 했습니다. 그러나 하나님의 영이 목사님을 보호하셨고 케이프 목사님을 죽이려고 하던 그들의 발을 씻어줄 때 그들이 주님께 헌신하게 되었습니다. 조직폭력배, 알코올 중독자, 동성애자, 한센병 환자에서 군장성, 시장, 대통령에 이르기까지 수많은 사람들의 발을 씻겨주었고, 초자연적인 치유가 일어나 중독에서 벗어나는 역사, 깨어진 가정이 회복되는 역사도 일어났습니다.

저는 이 책을 읽으면서 하나님께서 왜 이렇게 하셨을까, 설교자인 데이비드 케이프 목사님에게 설교 사역이 아닌 발 씻어주는 일을 하라고 하신 하나님의 뜻이 무엇일까 생각해보았습니다. 그러면서 하나님은 말로써 하나님의 복음과 진리를 전하는 것보다 삶으로 하나님의 복음과 진리가 전해지기를 더 원하신다는 것을 깨달았습니다. 왜냐하면 그것이 더 순수하고 더 능력 있기 때문입니다. 그런데도 우리는 말로만 하려고 합니다.

사람들은 여전히 하나님을 부인하고 무시하고 말을 함부로 하고 말로 다른 사람을 잡아먹으려 하지만 흔들리지 마시기 바랍니다. 그들은 그들의 말로 심판을 받을 것입니다. 다윗처럼 오직 하나님의 말씀에 귀를 기울이십시오. 하나님께 나아가면 반드시 하나님이 말씀하십니다. 하나님의 말씀이 깨달아지면 답을 얻으신 줄 믿으시면 됩니다. 하나님은 말씀을 주실 때 그 말씀을 반드시 이루시는 분이기 때문입니다. 하나님의 말씀 자체가 확실한 보증입니다.

절대로 논쟁은 하지 마시기 바랍니다. 다윗은 하나님을 대적하는 사람들에 둘러싸여 있었지만 그들과 논쟁하지 않았습니다. 그는 오직 하나님께 기도했고 주신 말씀을 믿었고 하나님의 말씀대로 살았습니다. 다윗이 사울 왕에게 쫓길 때 그는 정말 바보 같았습니다. 얼마든지 싸울 수 있는데도 그는 쫓기고 도망다니며 살았습니다. 사울을 죽일 수 있는 순간이 와도 두 번이나 살려주었습니다. 오직 하나님의 말씀대로 살려고 했기 때문입니다. 그래서 그는 항상 지는 것 같았지만 결국 그는 하나님의 약속이 이루어지는 것을 삶으로 증거했습니다. 통일 이스라엘의 왕이 되었습니다. 우리가 말보다 삶으로 말씀을 살아가면 그다음은 하나님이 하십니다. 다윗에게 하신 그대로 우리에게도 하실 것입니다.

하나님께서 말씀으로 우리를 만나주시도록 기도합시다. 그리고 하나님께 귀기울여 들으시기 바랍니다. 하나님이 말씀을 주시면 두려워하지 마십시오. 염려하지 마십시오. 하나님의 말씀은 흙 도가니에 일곱 번 단련한 은과 같이 순수합니다. 그러나 우리 말은 불완전합니다. 그러나 삶으로 말하는 것은 완전합니다. 우리가 알고 있는 복음, 우리가 누리고 있는 진리를 삶으로 살아가는 것이 놀라운 하나님의 계획입니다.

13

| 시편 13편 1-6절 |

어느 때까지,
어느 때까지,
어느 때까지

부목사 한 분이 어느 교인과 이야기를 나누다가 "나는 하나님을 안 믿습니다"라고 하는 말씀을 들었다고 해서 마음이 많이 무거웠습니다. 교회에 나오면서도 실제로 하나님이 안 믿어지는 분이 있다는 것과 우리 교회에도 그런 교인이 있다는 사실 때문이었습니다. 동시에 교회 나오면서도 "나는 하나님을 믿지 않습니다"라고 말하는 그 교인의 마음은 얼마나 힘들까 하는 생각을 하였습니다. 여러분, 하나님을 잘 믿는다고 자부하던 사람에게도 때때로 하나님이 안 믿어진다는 순간이 옵니다. '하나님이 정말 계신가?', '하나님이 계시면 왜 이렇게 하시지?', '왜 이런 일이 벌어지는가?', '왜 내 기도에 응답해주지 않으시는가?'라는 질문을 하게 되는 것입니다.

어느 때까지니이까

시편 13편에 다윗도 그와 같은 신앙적 갈등을 하고 있습니다. 1절과 2절에는 "어느 때까지?"라는 질문이 네 번이나 나옵니다. "어느 때까지 나를 잊으시나이까?", "어느 때까지 주의 얼굴을 내게서 숨기시겠나이까?", "어느 때까지 근심해야 하나이까?", "어느 때까지 원수가 자랑하게 내버려두시나이까?" 여러분 중에도 다윗과 동일한 심정이신 분이 있을 것입니다. 지금 북한에 있는 성도들은 틀림없이 그럴 것입니다. "하나님, 정말 언제까지 하나님을 대적하는 정권 아래서 이 백성들이 핍박을 받게 하실 겁니까? 이제는 예수 믿는 사람이 하나도 없어질 지경입니다."

제가 신학교에 들어갔을 때 필독서로 추천받은 책 중에 엔도 슈사쿠가 쓴 《침묵》(홍성사)이 있었습니다. 17세기 일본의 도쿠가와 시대에 있었던 엄청난 기독교 박해를 다룬 소설로 내용 중에 이런 부분이 있었습니다. 예수님을 잘 믿는 두 농부가 동네 사람들이 보는 앞에서 파도가 밀려오는 바닷가에 세운 나무 십자가에 묶여 있습니다. 밀물 때 파도가 쳐들어오면 목까지 물이 잠겼고, 바닷물이 빠져나가면 매서운 바닷바람에 온몸이 얼었습니다. 그들은 며칠 동안 그렇게 고통스럽게 천천히 죽어갑니다. 그 모습을 지켜보던 포르투갈 예수회의 신부가 너무나 괴로워합니다. "과연 하나님은 존재하시는가? 존재하신다면 어째서 이토록 침묵하실 수 있는가? 하나님, 도대체 지금 어디에 계신가요?" 그는 붙잡혔고 배교하라는 요청을 받습니다. 배교의 증거로 그리스도의 성화(聖畫)를 발로 밟으라고 합니다. 이를 거절하는 신부를 위협하기 위해 그가 복음을 전해서 예수를 믿은 일본인 그리스도인들을 끔찍하게 고문합니다. 작가는 그 신부가 그렇게 하라고 하시는 주님의 음성을 듣고, 결국 성화를 밟았다고 쓰고 있습니다. 물론 소설의 내용이고 거기에는 작가의 신학과 해석이 들어 있기는 합니다. 그러나 저에게는 그 사실 자체가 큰 충격으로 다가왔습니다. 정말 하나님이 계신지, 이런 일이 일어난다면 그 순간에 나는 어떻게 믿음을 지켜야 하는지, 어떻게 하는 것이 옳은지 두렵기도 했습니다.

2007년 4월 18일 터키에서 세 아이의 아버지인 독일인 선교사 틸만과 2명의 터키인 그리스도인인 네자티 목사와 우구르 형제가 무참하게 살해당하는 일이 벌어졌습니다. 이슬람 단체의 회원들이 거짓으로 신자가 되겠다고 찾아와 함께 성경공부를 하다가 세 사람을 죽인 것입니다. 녹화까지 하면서 3시간 동안이나 무참하게 살해했습니다. 틸만 선교사는 156번이나 칼에 찔렸고, 네자티 목사는 99번, 우구르 형제 역시 셀 수 없이 많이 찔렸습니다. 더욱이 다른 형제가 죽어가는 장면을 목격하게 할 만큼 끔찍하고 잔인했습니다.

같은 해 7월에 아프가니스탄에서 배형규 목사와 심성민 형제 역시 순교의 피를 뿌렸습니다. 이런 일이 벌어질 때 하나님은 왜 가만히 계시는 것일까요? 도대체 왜 아무것도 안 하시나요? 그래서 어느 때는 하나님께 분노하게 되는 순간도 있습니다. 5.18 광주 민주화 운동이 일어났을 때, 그 소문이 조금씩 전해지던 대학가에서 1983년 연세대 채플에서 당시 신학과 학생이던 김흥겸이 이런 기도를 드렸습니다. 그의 기도는 "하나님, 이제는 당신이 회개하셔야 될 때입니다"라는 충격적인 말로 시작되었습니다.

주여 당신의 뜻이 무엇입니까. 당신의 뜻을 더 이상 우리가 이 땅에서 실현할 자신이 없습니다. 아니 힘들어서 못해 먹겠습니다. 우리보고 회개하라고요? 우리가 죄인이라고요? 정말 울며불며 회개해야 할 것은 하나님 당신이요, 죄인 중의 죄인은 바로 당신입니다. 우리보고 하라 말고 당신이 한 번 이 땅에서 하고 싶은 대로 해봐요. 그래요. 우리는 아무것도 못해요. 그럼 당신은 무엇을 했나요? 독재자가 백주 대낮에 수천 명을 학살하는 광주에서 당신은 무엇을 했나요? 당신이 선택했다는 우리도 아무것도 못했지만 당신은 또 무엇을 했는가요? 우리를 시키지 말고 당신이 직접 해보라니까요. 정말 회개해야 할 것은 당신의 실패작인 우리가 아니라 아무것도 하지 않는 당신, 바로 당신 여호와 하나님입니다. 불쌍한 하나님, 우리 같은 것을 앞세워 하나님 나라를 만들겠다는 하나님, 당신이 그래도 절 사랑한다면 이 길을 가다가 변절하기 전에 죽여주소서. 그렇게 사랑하셔서 당신이 죽인 예수 그리스도의 이름으로 기도드립니다.

기도가 너무 충격적이라 "아멘" 하는 사람이 거의 없었다고 합니다. 개인적으로든 국가적으로든 하나님이 정말 살아 계신지 회의가 들 때가 분명 있습니다.

성도의 고통과 절망

여러분은 이런 절망의 순간이 오면 어떻게 하시겠습니까? 다윗은 두 가지를 두려워합니다.

… 두렵건대 내가 사망의 잠을 잘까 하오며 시 13:3

자신이 하나님을 잊어버리고 하나님을 부인하다가 죽게 될까봐 두렵다는 것입니다. 그리고 다윗은 자신이 하나님의 영광을 가리게 될까 두렵다고 했습니다.

두렵건대 나의 원수가 이르기를 내가 그를 이겼다 할까 하오며 내가 흔들릴 때에 나의 대적들이 기뻐할까 하나이다 시 13:4

성도들에게 임한 가장 고통스러운 순간은 바로 하나님이 믿어지지 않는 순간이 올 때입니다. 하나님을 부인하는 유혹이 찾아올 때입니다. 그러나 여기서 다윗의 믿음이 진짜 믿음이었다는 사실이 드러납니다. 5,6절을 보면 절망 속에서 두려워하던 다윗의 고백이 놀랍게 바뀝니다.

나는 오직 주의 사랑을 의지하였사오니 나의 마음은 주의 구원을 기뻐하리이다 내가 여호와를 찬송하리니 이는 주께서 내게 은덕을 베푸심이로다 시 13:5,6

절망적인 상황에서 하나님의 사랑을 의지하며 주의 구원을 기뻐하고 하나님을 찬송합니다. 여러분, 도무지 믿을 수 없는 상황에서 믿는 것이 진정한 믿음입니다. 모든 사람이 다 믿을 만큼 여건이 좋을 때 믿는 것이 무슨 칭찬받을 일이겠습니까? 도무지 믿을 수 없을 것 같은 순간에 하나님의 사랑을 기억하고 자신이 받은 구원을 기뻐하고 오히려 하나님을 찬송하는 그 믿음이 귀한 것입니다.

예수님을 믿는 믿음

여러분, 지금이야말로 예수님을 믿는 믿음을 분명히 하여야 할 때입니다. 많은 성도들이 예수님을 믿는다고 하면서 실상은 예수님이 이루신 구원이나 예수님의 능력, 예수님이 주시는 복을 믿습니다. 이런 믿음은 반드시 실망하고 무너집니다. 어려운 일이 생기고 어두운 시절이 오고 억울한 일을 당하고 기도 응답이 지연되고 악이 세력을 얻으면 예수께서 십자가에서 이루신 것조차 믿어지지 않는다고 말합니다.

베드로가 성령 충만을 받고 난 다음 그는 죽을 위기에서 살아났고, 또 그가 설교하자 하루에 3천 명이 돌아오고 5천 명이 믿는 놀라운 역사가 일어났습니다. 그런데 스데반 집사는 동일한 성령 충만을 받는데 그가 나가서 설교했을 때 돌에 맞아 죽고 말았습니다. 예수님의 구원을 믿고 능력을 믿고 축복을 믿는 사람은 이것을 설명할 길이 없습니다. 그러나 하나님은 베드로를 향한 계획과 스데반 집사를 통하여 이루실 계획이 달랐을 뿐이지, 하나님의 뜻이나 성품, 하나님의 능력이 달라진 것은 아니었습니다. 우리는 예수님이 행하신 일보다 예수님 그분을 믿어야 합니다. 무엇보다 예수님이 함께하심을 알아야 합니다. 우리 안에 오신 예수님, 우리의 생명이 되신 예수님이 함께 계신 것만 분명하다면 지금 우리는 잘 가고 있는 것입니다.

"모든 소망이 사라지고 좌절이 와도 저는 주님을 믿습니다. 예수님이 함께하시니까요! 주님, 저는 이 상황을 이해할 수 없습니다. 그러나 언젠가 이 모든 것이 설명될 날이 올 것을 확신합니다. 마침내 하나님은 사랑과 공의의 하나님으로 드러나실 것입니다. 그때까지 저는 주님 편에만 설 것입니다." 예수님을 믿는다는 것은 어떤 상황에서도 이와 같이 고백하는 것입니다. 이렇게 예수님을 믿으면 상황이 아무리 어둡더라도 그 어둠 가운데 무너지지 않고 주님과 함께 어려움을 통과하게 됩니다. 그리고 그 위기가 지나고 나면 우리의 영혼은 주를 향한 더 강한 믿음을 갖게 됩니다.

하나님을 믿는 자의 태도

다니엘의 세 친구 사드락, 메삭, 아벳느고는 느브갓네살 왕이 세운 금 신상에 절을 하지 않아 풀무불에 던져질 지경이 이릅니다. 그때 그들은 자신들을 죽이려는 왕 앞에서 담대하게 말했습니다.

왕이여 우리가 섬기는 하나님이 계시다면 우리를 맹렬히 타는 풀무불

가운데에서 능히 건져내시겠고 왕의 손에서도 건져내시리이다 그렇게
하지 아니하실지라도 왕이여 우리가 왕의 신들을 섬기지도 아니하고
왕이 세우신 금 신상에게 절하지도 아니할 줄을 아옵소서 단 3:17,18

세 친구는 하나님의 능력을 믿었습니다. 하나님께서 능히 그들을 풀무불에서 건져내실 것을 믿었습니다. 하나님께 그런 능력이 있는 것을 알았기 때문입니다. 그러나 하나님의 계획이 그것이 아니라 그들을 그냥 죽게 내버려두실 수도 있습니다. 그렇다면 그것으로도 충분했습니다. '그렇게 하지 아니하실지라도' 이것이 진정으로 하나님을 믿는 자의 태도입니다.

어떻게 그런 믿음을 가질 수 있을까요? 3절에서 열쇠를 찾을 수 있습니다.

여호와 내 하나님이여 나를 생각하사 응답하시고 나의 눈을 밝히소서
… 시 13:3

그렇습니다. 다윗은 눈을 열어달라고 기도하였습니다. "하나님, 제가 지금 절망에 갇혀 있습니다. 모든 게 다 캄캄하고 하나님은 계시지 않은 것 같습니다. 그러나 하나님, 제 눈을 열어서 진실을 보게 해주세요." 그렇게 기도해서 다윗의 눈이 뜨인 것입니다. 하나님을 바라보는 눈이 뜨이고 하나님나라의 비밀을 보게 되면 어떤 절망적인 상황에서도 믿음으로 승리할 수 있습니다.

사도행전 7장에서 스데반 집사가 부활의 예수님을 전하다가 돌에 맞아 순교한 일은 하나님이 정말 계시는지 따질 만한 일입니다. 성령 충만하고 지혜로운 스데반 집사가 좀 더 오래 사역했다면 교회에 얼마나 유익했을까요? 그런데 돌에 맞아 허무하게 죽게 하시다니 정말 이해가 안 됩니다. 그러나 스데반 집사 본인은 전혀 그렇지 않았던 것 같습니다. 순교하는 순간 그의 얼굴이 천사와 같았다고 했습니다. 그 말은 스데반 집사가 그 상황에서 감사했다는 뜻입니다. 그는 그 상황을 충분히 이해했고 오히려 그 일을 기뻐했습니다. 어떻게 그럴 수 있을까요? 바로 영적인 눈이 뜨였기 때문입니다.

스데반이 성령 충만하여 하늘을 우러러 주목하여 하나님의 영광과 및 예수께서 하나님 우편에 서신 것을 보고 말하되 보라 하늘이 열리고 인자가 하나님 우편에 서신 것을 보노라 한대 행 7:55,56

그는 눈이 열려 하나님나라를 보았습니다. 하나님이 보였고 예수님이 하나님 우편에 서신 것을 보았습니다. 그래서 돌에 맞아 죽는 그 순간에도 그의 마음에 감사가 넘쳤고 그것으로 충분했습니다. '내가 지금 여기서 죽는 것이 하나님의 나라와 복음의 영광을 위한 하나님의 뜻이구나.' 그래서 그가 천사의 얼굴이 되었고 자신을 돌로 치는 자들을 용서하고 오히려 축복하는 기도를 드릴 수 있었습니다.

예수님 때문에 바뀌는 인생

영적인 눈이 뜨이니까 그렇게 되었습니다. 여러분, 이해할 수 없는 삶의 역경에 처한 분이 있습니까? 너무 오랫동안 해결되지 않는 문제로 고통스러워하는 분이 있습니까? 그래서 하나님을 믿을 수 없다고 탄식하며 이제는 기도조차 포기하는 분이 있습니까? 오늘 하나님께서 여러분의 눈을 열어주시기를 축복합니다. 여러분에게 진짜 십자가를 바라보는 눈이 열리면, 나는 죽고 예수로 살게 되는 복음의 눈이 열리면, 영생의 소망을 바라보는 눈이 열리면, 임마누엘 하시는 예수님을 바라보는 눈이 진짜 열리면, 절망이 전혀 달리 보이게 될 것입니다. 자신의 처지와 형편에 대한 생각이 완전히 바뀝니다. 그래서 우리는 24시간 예수님을 바라보는 삶을 훈련해야 합니다.

유럽 코스타에서 '난 참 바보처럼 살았군요'라는 히트곡으로 대단한 인기를 누렸던 가수 이종용 목사님을 만나서 큰 은혜를 받았습니다. 그는 가수 시절 '지저스 크라이스트 슈퍼스타'라는 뮤지컬에서 예수 역을 맡아 수백 회의 공연과 연습까지 총 1천 번 이상 예수님의 역할을 했다고 합니다. 그 역할을 잘 감당하기 위해 사복음서를 수없이 읽었고, 예수님처럼 생각하고 말하기 위해 늘 예수님만을 묵상하다보니 어느 순간 인생이 달라 보이고 사람이 달라 보이고 찬양을 하면 설명할 수 없는 눈물이 흐르고 결국 삶이 바뀌어 목사가 되었습니다.

그러니 나는 죽고 예수로 사는 자임을 고백하고 24시간 예수님을 바라보며 살면 변화되지 않을 사람이 없는 것입니다. 예수님이 우리를 변화시켜주시는 것입니다. 예수님이 우리에게 복을 많이 주셔서, 우리가 원하는 어떤 것을 들어주셔서 우리의 인생이 바뀌는 것이 아닙니다. 우리는 오직 예수님 그분 때문에 인생이 바뀌는 것입니다.

하나님의 놀라운 계획은 지금도 이루어지고 있다

제가 코스타에서 만나 은혜받은 목사님 중에 노진준 목사님이 계십니다. 그는 생후 8개월에 소아마비 장애를 갖게 되었고, 고등학교 1학년 때 목사가 되겠다고 서원했습니다. 그는 자기가 목사가 되겠다고 하면 하나님이 다리를 고쳐주실 거라 생각했습니다. 믿음으로 기도하면 어떤 병이든 고쳐주신다는 목사님들의 메시지를 굳게 붙잡고 아침저녁으로 하나님께 간절히 기도했습니다. 언제 고쳐주실지가 문제이지, 하나님께서 반드시 고쳐주실 것을 믿었습니다.

그러나 하나님은 응답해주지 않으셨습니다. 그런데 어느 신유 집회에 참석하게 되었을 때 "누구든지 믿음으로 기도하면 무슨 병이든지 다 낫는다"라는 말씀을 듣는데, 마음에 시험이 들고 화가 나서 그 목사님에게 따지듯이 상담을 신청했습니다. "정말입니까? 믿음으로 기도하면 무슨 병이든지 다 고침을 받는 것이 사실입니까? 그러면 바울이 세 번이나 기도했는데 하나님은 왜 그의 육체의 가시는 고쳐주지 않으셨나요?" 하고 질문하니 그 목사님께서 사도 바울이 고침을 받았다고 답하셔서 또 충격을 받았습니다. 하나님께서 사도 바울에게 "네가 받은 계시가 너무 커서 네가 자만하지 않도록 내가 육체의 가시를 주었다. 그 연약함이 너를 더 강하게 할 것이다. 네가 연약하기 때문에 내가 더 강하게 너를 통해 역사할 것이다"라는 응답을 주셨다는 것입니다. 그래서 사도 바울은 다시는 자신의 육체의 가시를 제거해달라고 기도하지 않았다는 것입니다. 왜? 자신에게 육체의 가시가 있어서 하나님의 은혜가 자기에게서 떠나지 않고 복음이 더 강하게 전해지게 되었다면 그것이 축복이요 감사거리임을 알았기 때문입니다. 더 좋은 것을 얻었는데 왜 덜 좋은 것을 달라고 구하겠느냐는 것입니다. 그러니 사도 바울도 고침을 받았다는 것입니다.

노진준 목사님도 마지막에 그렇게 고백하였습니다. "그날, 나도 고침을 받았습니다!" 노진준 목사님이 그동안 다리를 고쳐달라고 기도한 것은, 목사가 되어 건강하게 주의 일을 잘하겠다는 것이었는데, 하나님께서 육신의 장애를 통해서 주의 일을 더 잘하게 해주겠다고 답하셨으니 그가 그것을 "아멘"으로 받은 것입니다. 불편한 다리로 강단에 올라와 설교하시는 목사님을 보면서 그의 장애가 복음의 영광으로 보였습니다.

앞서 전한 터키에서 순교한 세 명의 그리스도인들의 장례식은 정말 아름다웠다고 합니다. 터키 곳곳에 숨어 있던 수천의 그리스도인들이 공개적으로 그 장례식에 참석했습니다. 그들의 얼굴이 공개되면 그다음 공격의 대상이 될지도 모를 위험을 무릅쓰고 순교한 세 명의 신실한 그리스도인의 장례식에 참석하여 자신이 그리스도인임을 고백한 것입니다. 그것은 수많은 선교사님들과 세계의 그리스도인들에게 말할 수 없는 감동이었습니다.

얼마 후 터키의 주요 신문 전면에 틸만 선교사 사모님의 인터뷰 기사가 실렸습니다. "그래도 저는 터키를 떠나지 않을 것입니다. 남편을 죽인 터키인들을 원망하지 않을 것입니다. 오 하나님, 저들을 용서하시옵소서. 저들이 하는 일을 모르나이다." 어떤 칼럼리스트는 "천 명의 선교사들이 천 년 동안 할 수 없었던 것을 그 한마디로 이루었다"라고 썼습니다.

여러분, 하나님이 이해되지 않는 분이 있습니까? 믿어지지 않는 분이 있습니까? 그러한 까닭이 있겠지요. 그러나 여러분, 하나님께 눈을 열어달라고 기도하십시오. 예수님을 바라볼 수 있게 되기를 기도하십시오. 그럴 때 지금 우리가 어떤 형편과 처지에 있을지라도 우리 안에 하나님의 사랑을 알게 하시고, 구원을 기뻐하고 찬송하게 해주십니다. 하나님은 정말 살아 계신 하나님이십니다. 하나님의 놀라운 계획들은 어떠한 어려움 속에서도 이루어지고 있습니다. 하나님은 하나님의 일들을 지금도 변함없이 이루어가고 계십니다. 이해할 수 없는 상황에서도 예수님을 바라보며 늘 함께하시는 하나님을 간증하며 살아가는 저와 여러분들이 다 되실 수 있기를 바랍니다.

14

우리가
하나님이 계시다는
분명한 증거이다

국가조찬기도회에서 대통령과 영부인이 강단에 무릎을 꿇고 기도하는 사진이 신문에 보도된 적이 있었습니다. 하나님을 믿는 사람이라면 문제될 것이 없는 일인데, 그 광경이 못마땅했던 사람들이 많았던 것 같습니다. 하나님을 정말 믿는다면 하나님 앞에 무릎을 꿇는 일은 당연합니다. 하나님 앞에서야 대통령이 얼마나 높은 지위이겠습니까. 대통령이 무릎 꿇을 수 없는 하나님이라면 안 믿는 것이 낫습니다. 당연한 일인데도 그 장면이 눈이 거슬렸다면 하나님을 믿지 않는 사람의 눈으로 보았기 때문일 것입니다.

하나님이 없다는 거짓말의 실체

세상은 하나님을 믿지 않습니다. 안 믿는 것이 상식이고 정상입니다. 그러나 성경은 하나님을 부인하는 것은 어리석은 일이라고 말합니다.

어리석은 자는 그의 마음에 이르기를 하나님이 없다 하는도다 … 시 14:1

시편 14편

하나님이 없다고 말하는 것은 그가 어리석은 사람이라는 증거입니다. 그런데도 많은 사람들이 그렇게 믿으니까, 큰 거짓말이 오히려 진실처럼 여겨질 정도입니다. 그러나 하나님이 없다고 하는 것은 분명히 엄청난 거짓말입니다. 우리가 지나가는 사람에게 가락시장으로 가려면 어디로 가야 하느냐고 물으면 다 친절히 가르쳐줄 것입니다. 가천대가 어디 있느냐고 물어봐도 어떤 버스를 타고 얼마나 가면 있는지 잘 가르쳐줄 것입니다. 하지만 "인생은 어디서 와서 어디로 가느냐?"고 물어보면 화를 내거나 이상한 사람 쳐다보듯 할지 모릅니다. 가락시장이 어딘지 아는 것이 중요합니까? 인생이 어디로 가는지가 중요합니까? 가천대가 어디 있는지가 중요합니까? 인생의 목표가 더 중요합니까? 사람들이 이렇게 어리석습니다. 정말 중요한 것은 모르고 관심도 없으면서, 알아도 몰라도 그만인 것은 오히려 너무 많이 알고 있습니다. 하나님을 부인하는 현대인들이 다 그런 삶을 살고 있는 것입니다.

그런데 성경에서 말하는 어리석다는 말은 지혜가 모자라거나 머리가 둔하다는 정도의 의미가 아닙니다. 대단히 두려운 일입니다. 하나님이 없다고 말하는 순간 마귀에게 문을 열어주는 것이기 때문입니다. 하나님을 부인하는 사람도 세상이 악하다는 데 동의할 것입니다. 그러나 이처럼 세상이 악하게 된 이유가 하나님을 부인하기 때문이라는 사실은 알지 못합니다.

여호와께서 하늘에서 인생을 굽어살피사 지각이 있어 하나님을 찾는

자가 있는가 보려 하신즉 다 치우쳐 함께 더러운 자가 되고 선을 행하
는 자가 없으니 하나도 없도다 시 14:2,3

하나님을 부인하면 죄의 종이 되는 원리

많은 사람들이 하나님의 존재를 부인하는 것은 죄짓는 삶과 밀접
하게 연관이 되어 있습니다.

그러나 거기서 그들은 두려워하고 두려워하였으니 … 시 14:5

하나님을 부인하는 사람의 마음에는 두려움이 있습니다. 마치
큰 잘못을 저지른 어린아이가 아버지한테 혼날 것이 두려워 아버
지가 안 계시면 좋겠다고 생각하는 것과 같습니다. 그렇습니다. 사
람들은 죄를 짓고 그 죄에 대한 두려움에서 벗어나기 위해 무신론
속으로 숨어듭니다. 그러면 심판도 없고 계속 마음대로 살 수 있기
때문입니다. 그런데 그것이 마귀의 종 노릇하는 것임을 모릅니다.

아담과 하와가 에덴동산에서 마귀의 꾐에 빠져 아무것도 아닌
것 같았던 선악과를 따먹은 후 어떻게 되었습니까? 에덴동산의 축
복과 기쁨을 다 잃어버리고 말 수 없이 고통스러운 삶을 살게 되
었습니다. 마귀가 하는 일은 지금도 똑같습니다. 죄를 짓게 하여
하나님과 친밀히 교제하며 사는 복을 빼앗아가는 것입니다. 그리
고 죄의 종, 마귀의 종으로 만드는 것입니다.

독일의 철학자 니체가 신은 죽었다고 무모할 정도로 대담한 선언을 하였는데, 그 후 세계에 레닌, 스탈린, 무솔리니, 히틀러, 마오쩌둥 등이 일어나 세계대전을 일으키고 공산혁명을 주도했습니다. 이들은 모두 무신론자들입니다. 이 세상에서 가장 무서운 말은 하나님이 없다는 것입니다. 그 뒤에 곧바로 마귀의 지배가 따라오고 무슨 범죄든지 다 가능해지기 때문입니다.

하나님은 의인과 함께 계신다

사람들이 "하나님이 어디 계시느냐?"라고 묻습니다. 성경이 답합니다.

> … 하나님이 의인의 세대에 계심이로다 시 14:5

하나님은 의로운 사람들과 함께 계십니다. 사람이 죄를 짓지 않고 의롭게 사는 것은 저절로 되는 일이 아닙니다. 죄를 짓는 것은 마귀의 종 노릇하는 것이고, 죄를 짓지 않고 의롭게 사는 것은 하나님의 성령에 의해서 그리되는 것입니다. 따라서 의롭게 사는 사람들 속에 하나님이 계십니다. 그런 의인들을 보면 하나님이 계신 것을 알 수 있다는 뜻입니다. 그러면 그런 의로운 사람이 어디 있습니까? 예수 믿는 우리가 바로 그런 사람입니다. 하나님은 예수 믿는 우리 안에 계시고 그것을 믿지 않는 사람들에게 분명히 드러내 보이기를 원하십니다.

사람들이 하나님을 믿지 않는 것은 하나님을 경험할 수 없기 때문입니다. 하나님을 경험했는데도 하나님을 안 믿는다고 할 사람이 누가 있겠습니까. 하나님이 보이지도 않고 하나님의 음성이 들리지도 않고 손에 잡히지도 않으니 믿지 않는 것입니다. 하나님은 분명히 우리와 함께 계신데, 왜 우리는 하나님을 경험하지 못하는 것일까요? 사람들에게 하나님을 아는 감각이 없기 때문입니다.

… 지각이 있어 하나님을 찾는 자가 있는가 보려 하신즉 시 14:2

하나님을 알려면 하나님을 알 수 있는 지각이 있어야 됩니다. 여러분이 어떤 사물을 보려면 시각이 있어야 하고, 그 소리를 들으려면 청각이 있어야 하는 것처럼 여러분이 하나님을 알려면 하나님을 아는 지각이 있어야 하는데 그 지각이 없어진 것입니다. 그러니까 하나님이 계신데도 모르는 것입니다. 그러면 왜 지각이 없어졌습니까? 죄 때문에 우리의 영이 죽었기 때문에 영이신 하나님을 모르는 것입니다.

그는 허물과 죄로 죽었던 너희를 살리셨도다 엡 2:1

우리는 죽었던 사람입니다. 죄로 인하여 영이 죽었다는 말입니다. 그래서 하나님도, 마귀도, 천사도, 천국, 지옥도, 영적인 것은 전혀 모르는 것입니다. 그러나 우리가 예수 그리스도를 영접할 때 우리 죄가 사함을 받고, 성령이 오심으로 우리 영이 생명을 얻게 되면서 하나님이 믿어지게 됩니다.

마음이 청결한 자는 복이 있나니 그들이 하나님을 볼 것임이요 마 5:8

마음이 청결한 사람은 예수님을 믿는 사람을 말합니다. 바로 우리에게 하신 말씀입니다. 우리가 청결해졌습니까? 아멘입니다. 예수님이 십자가에서 피 흘려주셨기 때문입니다. 예수님이 십자가에서 흘리신 보혈 한 방울만 가지고도 온 인류의 모든 죄가 다 씻음을 받고도 남습니다. 우리는 예수님으로 인하여 모든 죄가 씻음을 받은 사람들입니다. 그러면 어떻게 되나요? 하나님을 본다고 했습니다. 그래서 예수를 믿으면 하나님이 믿어지는 것입니다. 하나님의 음성을 듣게 되고, 주님의 인도하심을 알게 되고, 주님이 나와 함께 계신 것이 믿어지는 것입니다.

그리스도인을 통해 나타나시는 하나님

그런데 하나님의 계획은 단순히 우리만 하나님을 믿는 것이 아니라 우리를 통하여 세상에 있는 사람들도 하나님이 계신 것을 믿게 하고 싶어 하신다는 것입니다. 하나님은 결코 숨어 계시는 분이 아닙니다. 누구도 하나님을 볼 수 없지만, 또한 하나님은 예수 믿고 의로워진 그리스도인들을 통하여 드러나기를 원하십니다. 그리스도인들은 살아 있는 하나님의 편지입니다.

> 너희는 우리의 편지라 우리 마음에 썼고 뭇 사람이 알고 읽는 바라 너희는 우리로 말미암아 나타난 그리스도의 편지니 이는 먹으로 쓴 것이 아니요 오직 살아 계신 하나님의 영으로 쓴 것이며 또 돌판에 쓴 것이 아니요 오직 육의 마음판에 쓴 것이라 고후 3:2,3

하나님의 계획에 따르면 우리는 하나님의 살아 있는 증인입니다. 우리가 전도할 때 믿지 않는 사람들로부터 흔히 이런 말을 듣습니다. "하나님이 계시면 하나님을 보여줘. 그럼 내가 믿을게." 그러면 우리가 뭐라고 대답합니까? "하나님 보면 다 죽어. 그러니까 그냥 믿어." 그런데 이 말은 교묘한 책임 회피입니다. 세상 사람들이 말하는 질문은 그런 뜻이 아닙니다. 사람들이 하나님을 보여달라고 하는 것은 하나님을 실제로 보게 해달라거나 신의 존재를 증명하라는 것이 아닙니다.

하나님을 믿는 사람이라면 뭔가 다르게 살지 않겠느냐는 말입니다. 우리가 하나님의 임재 안에 있고, 하나님이 우리와 함께하신다는 삶의 결과가 무엇인지를 보여달라는 것입니다. 그럴 때 우리가 "너, 하나님 믿고 싶어? 정말 하나님을 알고 싶니? 그러면 나를 봐." 이렇게 대답할 수 있어야 한다는 것이 하나님의 뜻입니다. 하나님께서 우리에게 그 말씀을 도전해주고 계시는 것입니다. 십자가가 달린 대야를 들고 다니면서 사람들의 발을 씻어주며 세계를 다닌 데이비드 케이프 목사님처럼 세상 사람들은 우리 말을 들으려고 하기보다 우리 삶을 보고 하나님이 계신지를 판단하려 합니다.

정말 두려운 것은 우리가 하나님을 믿는다고 말은 하면서도 실제로는 마치 하나님이 안 계신 것처럼 살아가는 것입니다. 이런 사람도 하나님을 부인하는 자이기는 마찬가지인 셈입니다. 어느 목사님이 심방을 갔는데, 성도님이 자신이 은혜받은 간증을 하였습니다. 어느 날 집에서 기르던 개가 큰 눈망울로 자신만 쳐다보며 따르는 모습을 보니 우리도 하나님께 예배드릴 때 이래야 하겠다 깨달았다고 말입니다. 그런데 예배를 마치고 집을 나오는데 문이 열리자 그 개가 쏜살같이 밖으로 튀어나가더니 주인이 아무리 불러도 돌아오지 않고 좇아가서 잡을 수도 없었다고 합니다. 그래서 목사님이 그 성도님에게 "성도님의 개가 주인을 잘 예배하는지는 몰라도 주인의 말에 순종하지는 않는군요"라고 했다고 합니다. 순종이 없다면 그것은 믿지 않는 것입니다. 하나님이 정말 하나님이시라면 그 하나님 앞에 무릎 꿇는 것이 당연한 것처럼 정말 하나님을 믿는다면 당연히 순종이 되는 것입니다.

어느 목사님의 누님이 되시는 권사님이 자리에 누워버렸습니다. 공부 잘하는 아들이 대학에 떨어졌기 때문입니다. 누님이기는 해도 성도이니 목사님이 심방을 가서 같이 예배드리고 위로도 하고 권면도 하고 기도도 해드렸지만 권사님은 일어날 줄을 몰랐습니다. 그런데 며칠 뒤에 그 권사님이 일어났다는 소식이 들렸습니다. 알고 보니 아들보다 공부를 더 잘하던 아이도 대학에 떨어졌다는 소식을 들은 직후에 벌떡 일어났다는 것입니다. 여러분, 이런 모습을 보고 세상 사람들이 어떻게 하나님이 계심을 알 수 있겠습니까? 목회자들 중에 인격적으로 불신을 받고, 윤리적인 죄에 무너지고, 탐심이나 명예욕으로 성도들의 마음에 상처를 주는 이들이 있는데, 그것은 마음에 주님이 함께 계신다는 것을 전혀 믿지 않으니까 그런 것입니다.

주님을 바라보면 죄짓고 살 수 없다

우리가 하나님을 정말 믿게 되면 죄짓고 살 수 없습니다. 24시간 예수님을 바라보는 이유가 뭡니까? 더 이상 육신에 매여서 욕심에 끌려서 은밀하게 죄지으며 살고 싶지 않고, 죄의 종 노릇하며 살고 싶지 않기 때문입니다. 여러분, 죄짓는 것을 작게 여기면 안 됩니다. '이 정도의 죄쯤이야 용납이 되겠지' 이것은 절대로 하나님의 마음이 아닙니다. 24시간 예수님을 바라보면 누구나 주님의 마음을 알게 될 것입니다. 어떤 교인이 비리 문제로 공직에서 사임하였는데 심방을 간 목사에게 울면서 자신의 억울함을 토로했습니다. "제가 죄를 짓기는 했지만 그래도 사람들이 너무한다고 생각해요. 그동안 제가 한 일도 생각해주어야지요. 이건 공평하지 않다고 생각합니다." 여러분, 이런 생각이 얼마나 무서운 생각인지 알아야 합니다.

만일 여러분이 식당에 가서 음식을 시켰는데 그 음식 속에 이물질이 들어 있다면 그 부분만 덜어낸 뒤 맛있게 먹어야 그것이 공평한 것입니까? 그렇게 할 사람은 아무도 없을 것입니다. 식당 주인을 불러서 항의하고 그 음식을 다 내다 버리지 않겠습니까. 만약에 선한목자교회의 담임목사인 저의 파렴치한 죄가 드러났다고 합시다. 그러면 저를 어떻게 생각하시겠습니까? 그동안 열심히 목회하고 설교했으니 냉정한 마음으로 공평하게 처리하자고 하겠습니까? 그동안 제가 어떻게 사역했든지 간에 드러난 죄 하나로 저의 목회는 무너져버릴 것입니다. "더 이상 믿지 못하겠다", "목사로 인정할 수 없다"고 하실 것입니다. 그래서 저는 작은 죄라도 심각하다고 여기는 것입니다. 아무리 작아 보이는 죄라도 인생 전체를 파멸시킬 수 있습니다.

다윗이 밧세바와 간음하고 나서 치른 대가가 얼마나 큰지 아십니까? 모세가 혈기를 부려 지팡이로 반석을 내리쳤기 때문에 가나안에 들어가지 못한 것을 생각해보십시오. 작은 죄가 무섭습니다. 마귀는 끊임없이 우리에게 작다고 이야기하지만 하나님께는 작은 죄가 따로 없습니다. 우리가 24시간 예수님을 바라보면 예수님은 우리의 작은 죄에 대해서도 계속 책망하십니다. 우리가 예수님을 계속 바라보고 살면 마음으로 짓는 죄조차 더 이상 지을 수가 없습니다.

하나님의 영광을 스스로 나타내시는 하나님

하나님을 부인하는 세상 사람들과 더 이상 논쟁해서는 안 됩니다. 아무런 유익이 없기 때문입니다. 하나님을 섬기며 사는 거룩함과 기쁨과 행복을 보여줄 수 있다면 그것으로 충분합니다.

> 이같이 너희 빛이 사람 앞에 비치게 하여 그들로 너희 착한 행실을 보고 하늘에 계신 너희 아버지께 영광을 돌리게 하라 마 5:16

> 너희가 서로 사랑하면 이로써 모든 사람이 너희가 내 제자인 줄 알리라 요 13:35

이 말은 우리가 완벽한 사람이 되어야 한다는 것이 아닙니다. 오직 예수님을 바라보기만 하면 됩니다. 그러면 주님이 우리를 통해 하나님이 정말 살아 계신 것을 증거해 보이십니다.

어느 유학생 부부가 귀국하여 서로 바쁘게 지내다보니 이혼의 위기에 처했습니다. 서로 개성도 강하고 자존심도 세서 싸우다가 한 사람이 먼저 이혼하자고 하니 상대방도 지지 않고 이혼하자고 한 것입니다. 그런데 때마침 남편이 6개월 해외 출장 명령을 받게 되어 돌아와서 이혼하기로 하고 남편이 출장을 떠났습니다. 그 후 혼자 남은 부인은 홧김에 이혼하자고 하였지만 막상 이혼하여 살 생각을 하니 마음이 너무 혼란스럽고 괴로웠습니다. 이를 보다 못한 친구가 그를 전도하여 교회로 인도하였는데, 특별히 마음에 깨달아지는 것은 없어도 마음이 답답한 나머지 주일 낮에도, 새벽기도회에도, 저녁집회에도, 성경공부 모임에도 나가게 되었습니다.

6개월 후 남편이 돌아오는 날, 그래도 아직은 부부이니 차를 가지고 공항으로 마중을 나갔습니다. 돌아오는 차 안에서 남편이 불쑥 "너, 예뻐졌다. 얼굴이 참 좋다"라고 하길래 헤어질 사이에 쓸데없는 소리나 한다고 타박을 하였지만, 남편이 사뭇 진지하게 "아무래도 달라진 것 같아. 그동안 무슨 일이 있었니?"라고 해서 교회에 나간 이야기를 했습니다. 남편이 잠자코 그 이야기를 듣더니 "예수가 누군지는 몰라도 네 얼굴이 달라진 것을 보니 뭔가 있는 것 같다. 나도 교회에 한 번 가보고 싶다"고 했고 남편도 교회에 나오게 되어 지금까지 잘 살고 있다고 합니다.

예수님을 바라본다는 것은 참 이상한 일입니다. 우리 스스로 하나님을 증거할 수는 없습니다. 그렇게 하고 싶다고 되는 일도 아닙니다. 사람이 무슨 재주로 하나님의 살아 계심을 증거할 수 있습니까? 우리는 그저 우리 안에 오신 예수님을 믿고 항상 예수님을 바라보며 살 뿐입니다. 그러면 주님이 우리를 통해 세상 사람들에게 하나님의 살아 계심을 증거하십니다. 하나님께서 원하시는 것은 우리가 오직 예수님을 바라보는 사람이 되는 것입니다.

예수동행일기를 쓰는 어느 집사님이 이런 고백을 하셨습니다. "목사님, 이제 마음에 예수님이 계신 것을 알겠습니다." 어떤 권사님은 두 달간 예수동행일기를 쓴 유익에 대하여 "아직 예수님의 임재를 충만하게 누리지는 못하지만 아무 생각이나 하지 못하게 된 것은 사실입니다. 미움, 거짓, 욕심, 음란, 이런 마음이 내 마음에 자리 잡지 못하게 되었습니다"라고 하였습니다. 이것이 얼마나 대단한 일입니까? 두 달 만에 마음을 다스리게 되는 일이 결심만 가지고 되는 일입니까? 24시간 예수님을 바라보려고 하고 그것을 매일 일기로 써본 것뿐인데, 하나님은 하나님의 영광을 스스로 드러내십니다. 우리는 하나님을 믿고 하나님께 기회를 드리면 됩니다.

세상은 모르지만 우리는 안다

2000년 10월 중앙아시아 타지키스탄의 수도 두샨베에 있는 두샨베 선민선교교회에서 폭탄테러가 일어나 10명의 사망자와 100여 명의 부상자가 생겼습니다. 교인으로 위장한 이슬람 신학생 2명이 가방에 시한폭탄 장치를 숨겨서 예배당에 두고 나가 연속적으로 폭탄이 터지도록 한 것입니다. 이 사건의 범인에게 사형이 선고되었는데 두샨베 선민선교교회의 최윤섭 선교사는 타지키스탄 공화국의 에모마리 라그호노브 대통령에게 그들을 사면해주기를 요청하는 편지를 보냈습니다. 최 선교사의 사면 요청 편지는 다음날 주요 일간지의 1면 기사로 다루어졌고, 현지인들이 복음에 관심을 갖고 교회를 새롭게 바라보는 계기가 되었다고 합니다.

그 후 최윤섭 선교사님은 타지키스탄 독립 10주년 기념식에서 이 나라 사람들에게 살아나갈 수 있는 기회를 제공하고자 노력한 공로로 타지키스탄 최고 무슬림 신학센터에서, 정부 종교성 장관으로부터, 무슬림 지도자 전체가 참석한 가운데, 직접 감사장을 수여받았습니다. 하나님이 드러나시는 순간이었습니다. 하나님은 살아 계시고 우리를 통해 드러나기를 원하십니다. 우리가 정말 주님을 바라보면 주님은 우리를 통해서 그와 같은 일을 하게 하십니다.

내가 아버지께 구하겠으니 그가 또 다른 보혜사를 너희에게 주사 영원토록 너희와 함께 있게 하리니 그는 진리의 영이라 세상은 능히 그를 받지 못하나니 이는 그를 보지도 못하고 알지도 못함이라 그러나 너희는 그를 아나니 그는 너희와 함께 거하심이요 또 너희 속에 계시겠음이라 요 14:16,17

성령 하나님께서 우리 안에 오셨습니다. 세상 사람들은 성령 하나님을 모릅니다. 하지만 우리는 압니다. 그 성령 하나님은 우리를 통해서 세상 사람들에게 증거되기를 원하십니다.

정말 예수님만 바라보고 사시는군요!

제 아내가 오랫동안 같이 기도하고 상담하는 여 성도가 있습니다. 남편의 폭력과 외도, 시댁 식구들의 멸시와 핍박으로 오랜 세월을 고통받고 있는 부인입니다. 얼마 전 1년 만에 다시 만나게 되었는데 놀랍게 변화되었다는 소식을 들었습니다. 어려운 처지이다보니 사람을 만나면 하소연하고 탄식하고 불평하게 되는 것이 싫고,

하나님께서도 그것을 기뻐하지 않으시는 것 같아 1년 동안 골방기도를 했다고 합니다. 주님께만 이야기하고 주님께만 하소연하고 주님께만 기도하며 주님만 바라보면서 살았습니다. 그러는 동안 주님이 이 성도를 만지셨습니다. 예전에는 제 아내에게 전화로 하소연하고 울며 언제 이 상황이 끝날지 모르겠다고 하던 분이었는데 지금은 너무 달라졌습니다. 그러면서 이런 고백을 하더랍니다.

주님은 내 남편 같은 사람도 너무나 사랑하신다는 것을 알았어요. 주님이 "네 남편을 위해서 너, 죽을 수 있겠니?"라고 물어서 "주님, 제가 죽어서 제 남편이 주께로 돌아온다면 그렇게 하겠습니다"라고 고백했어요. 그런데 "다른 것은 다 참을 수 있겠는데, 남편이 "하나님이 어디 계시냐? 네가 그렇게 기도하고 십자가만 붙잡는다는데, 네가 안 변하잖아. 네가 안 변하는 거 보면 하나님은 없다"라고 말하는 것이 너무나 괴롭습니다. 정말 내 삶에 열매가 없는 것 같아서 너무나 죄송할 뿐입니다.

그래서 제 아내가 그 성도에게 말해주었다고 합니다. "그런 남편을 붙잡고 이혼하지 않고 진심으로 사랑까지 하면서 지내온 당신 자신이 기적이고 열매입니다." 제 아내는 그 성도를 보면 하나님이 함께하시는 것이 너무나 분명하게 보인다고 했습니다.

저는 이전에 사람들의 칭찬에 대한 갈급함이 있었습니다. "목사님, 참 신실하시고, 인간성도 좋으시고, 목회도 잘하시네요. 설교도 너무 좋습니다." 그런 말 듣기를 은근히 기대하고 좋아했습니다. 그런데 지금은 그런 말이 두렵게 느껴집니다. 왜냐하면 전부 주님이 하셨는데, 제가 드러나서 예수님을 가리고 살았다는 의미로 여겨지기 때문입니다. 저는 오직 "목사님은 정말 예수님만 바라보고 사시는군요"라는 말을 듣고 싶습니다. 그러면 예수님도 가장 기뻐하실 일이라 여겨지기 때문입니다.

　여러분, 우리는 주위에 있는 사람들에게 하나님의 살아 있는 증인임을 알아야 합니다. 우리 안에 주님을 모시고 살기 때문입니다. 그러므로 오직 예수님만 바라보시기 바랍니다. 하나님을 알고 하나님을 믿고 하나님과 교제함으로 하나님을 증거하는 사람이 되는 것을 삶의 목적으로 삼게 되기를 축복합니다.

15

| 시편 15편 1-5절 |

우리는 이미
하나님의 나라에서
살고 있다

2011년 3월 일본에서 대지진이 일어난 다음날 토요일 아침, 저는 일어나자마자 "기도하라" 하시는 주님의 강권하심을 느끼며 방언으로 기도하며 통곡하고 울었습니다. 이 지진이 우연한 재해가 아니라는 것이 느껴졌습니다. 대규모의 지진과 해일로 세계 선진국 일본이 무너지는 것을 보면서, 우리가 과연 우리 자신을 안전하게 지킬 수 있는지, 우리가 자랑하는 기반과 토대가 얼마나 허약한 것인지, 하나님께서 강력하게 경고해주신다고 느껴졌습니다.

일본 대지진은 단순한 지진이 아니라 영적인 지진입니다. 하나님의 메시지가 담겨 있는 지진입니다. 이 땅이 전부가 아닙니다. 땅을 소망하며 사는 자는 땅이 무너지면 끝입니다. 여러분, 하나님의 나라를 바라보는 눈을 분명히 떠야 합니다.

하나님의 나라가 있다!

우리의 삶에는 고통도 많고 모순도 많습니다. 살면서 답답하고 억울해서 미칠 것 같고 차라리 죽는 게 낫겠다는 생각이 들 만큼 기막힌 일들도 수없이 겪습니다. 그러나 하나님의 나라가 있다는 진리에 눈을 뜨고 나면 "힘들다", "죽겠다", "두렵다", "억울하다"고 하는 우리의 모든 혼란과 탄식이 한꺼번에 사라져버립니다. 그렇습니다. 하나님의 나라의 비밀에 눈이 뜨이는 일은 구원과도 같은 것입니다.

본문 1절에는 주의 장막, 주의 성산에 대한 말씀이 나옵니다.

> 여호와여 주의 장막에 머무를 자 누구오며 주의 성산에 사는 자 누구오니이까 시 15:1

여기서 언급된 '주의 장막'과 '주의 성산'은 문자적으로만 말하면 예루살렘 성전을 의미합니다. 그러니까 이 말씀은 예루살렘 성전에 들어가 하나님께 제사할 수 있는 사람의 자격에 대한 말씀입니다. 당시 예루살렘 성전 앞에는 출입을 통제하는 문이 있었습니다. 성전에서 제사를 드리고자 하는 사람들은 제사장인 성전 문지기의 허락을 받아야 했습니다. 신명기 23장 등에는 성전에 들어갈 수 없는 사람들의 조건이 명시되어 있습니다.

그러나 이 말씀은 단순히 성전에 들어가 제사에 참석할 자격을 말하는 것이 아닙니다. 하나님 앞에 나아가는 자격을 말하는 것입니다. 어떤 사람이 하나님의 나라 백성인가, 누가 하나님의 나라에 들어갈 수 있는가 하는 것입니다. 하나님의 나라에 들어갈 수 있고, 하나님의 나라를 소유한 것은 엄청난 축복입니다. 불평할 것이 없습니다. 하나님의 나라가 그만큼 좋은 것입니다.

신명기 3장 23절 이하에 보면 모세가 하나님께 요단강 건너편 아름다운 땅 가나안에 들어가게 해달라고 간청하는 부분이 나옵니다. 40년 광야 길을 지나 드디어 도착한 가나안을 바라보며 모세는 하나님이 약속하신 그 땅에 들어가고 싶어 견딜 수 없었습니다. 그러나 하나님은 냉정하게 거절하셨습니다.

… 그만해도 족하니 이 일로 다시 내게 말하지 말라 신 3:26

어찌 이리 단호하셨을까 의아할 정도입니다. 모세가 얼마나 힘들었을까 생각하는데, 성령께서 깨닫게 해주셨습니다. "천국에서 보아도 아쉬웠을까? 지금도 모세가 천국에서 아쉬워할까?" 결론은 아니었습니다. 성령이 주신 감동처럼 모세는 조금도 억울해하지 않고 그 일에 전혀 마음을 쓰지 않을 것입니다. 어쩌면 왜 가나안 땅에 들어가게 해달라고 졸라서 하나님의 마음을 불편하게 해드렸나 싶었을지도 모릅니다. 모세는 마음에 상처가 없을 것입니다. 하나님의 나라를 보고 나면 마음에 상처 될 것이 아무것도 없습니다. 누구나 "하나님, 왜 이렇게 하시나요?", "하나님, 저에게 왜 이러시나요?" 하다가도 하나님의 나라를 보고 나면 "하나님이 옳습니다. 주님이 정말 완벽하게 하셨군요"라고 고백하게 됩니다.

시편 15편

어느 청년이 저에게 메일을 보냈습니다.

> 목사님, 저에게 정말 눈물날 만큼 이루고 싶은 꿈이 있는데, 하나님께
> 서 제 목표와 꿈을 기뻐하지 않으실까봐 두렵습니다. 왠지 제가 성공
> 을 바라는 기도를 하면 하나님께서 제 기도를 기뻐하지 않으실 것 같
> 아서 답답하고 눈물이 나고 낙심도 됩니다. "하나님의 나라와 의를 먼
> 저 구하라." 이 말씀이 저에게 부담으로 다가오네요. 하나님께서 원하
> 시는 순종이라는 것이 세상에서 이루고 싶은 꿈을 내려놓고 모든 선
> 택과 판단, 의지를 하나님께 온전히 드려야만 하는 것인지. 제 꿈을
> 포기해야 한다는 생각을 하면 눈물이 날 만큼 속상합니다.

저는 이 청년의 고민을 충분히 이해하겠습니다. 하고 싶은 것이
너무 많은 청년으로서 하나님의 뜻대로만 살아야 한다고 하면, 그
럼 자신의 꿈은 포기해야 하는지, 하고 싶은 것을 하지 말라거나
하기 싫은 것을 하라고 하시면 어떻게 할지 당연히 고민이 될 것
입니다. 그런데 만일 이 청년이 하나님의 나라를 보고 나서도 그
런 고민을 하게 될까요? 전혀 그렇지 않을 것입니다. 하나님의 나
라를 보고 나면 하나님의 나라를 먼저 구하라 마라 할 것도 없습니
다. 누가 시키지 않아도 하나님의 나라를 먼저 구하게 됩니다. 하
나님의 나라를 위하여 살고 싶어집니다. 그 앞에서 자기 꿈, 자기
계획이 얼마나 초라하고 보잘것없는 것인지, 그것을 내려놓는 것

은 일도 아닐 것입니다.

어느 형제가 자기가 사랑하는 자매와 결혼만 할 수 있다면 다 포기할 수 있다고 했습니다. 결혼도 이 정도인데 하나님의 나라를 보면 어떨까요? 어느 청년은 결혼도 못해보고 죽을까봐 걱정합니다. 그런데 하나님의 나라에서도 결혼하지 못한 것이 억울할까요? 결혼도 못해보고 하나님나라에 왔다고 억울해할 정도의 그런 하나님 나라는 없습니다. 하나님의 나라는 황홀한 것입니다.

예수님이 첫 번째 하신 설교도 하나님의 나라가 임하였다는 것입니다.

이 때부터 예수께서 비로소 전파하여 이르시되 회개하라 천국이 가까이 왔느니라 하시더라 마 4:17

여러분, 하나님의 나라는 죽고 난 다음에 가는 곳이거나, 또 앞으로 이루어지는 것이 아닙니다. 하나님의 나라는 영원 전부터 있고, 지금도 있고, 영원까지 있을 것입니다. 하나님의 나라는 언제나 변함없이 항상 있습니다. 우주 전체에 편만하여 우주 전체를 통치합니다. 다만 하나님은 인간이 살고 있는 이 지구만은 잠시 하나님나라의 통치에 예외를 허용해놓으셨습니다. 우리가 죄와 마귀를 택했기 때문에 한시적으로 이 지구는 마귀가 왕 노릇하는 곳이 되어 하나님의 나라가 없는 것처럼 보이는 것입니다.

그런데 예수님이 오심으로 이 지구에도 하나님의 나라가 임했습니다. 예수님을 영접하는 자, 그 마음에 예수님이 주님이고 왕이 되셨다면 그 사람에게는 하나님의 나라가 임한 것입니다. 하나님의 나라는 예수님을 영접하는 자들 속에 이미 놀랍게 이루어졌습니다. 또한 예수님의 재림과 함께 온 땅에 하나님의 나라가 임하고 완전히 이루어지는 때가 오게 됩니다. 우리는 그 복음을 전하는 것입니다. 하나님나라의 비밀을 알고 나면 우리는 진정한 자유함이 무엇인지 알게 됩니다. 이 세상이 전부가 아니라 하나님의 나라가 있다는 것을 정말 알면 충격 그 자체입니다. 이 진리를 알면 모든 것이 바뀝니다.

진리를 알지니 진리가 너희를 자유롭게 하리라 요 8:32

하나님의 나라를 알고 나면 모든 방황, 낙심, 좌절, 열등감, 불평 불만에서 건짐을 받습니다. 이 진리가 나를 자유롭게 합니다. 이제는 더 이상 그런 문제들로 고통당하지 않습니다. 더 이상 그것 때문에 죽고 싶지 않습니다. 하나님의 나라를 소유하는 것이야말로 우리의 삶이 구원을 받는 것입니다.

여기서 세상 사람들이 곤혹스러워하는 문제가 생길 수 있습니다. 그 놀라운 하나님의 나라를 소유했다는 예수 믿는 사람들이 세상 사람들과 다를 바 없어 보일 때입니다. 이처럼 예수님을 믿고도 하나님의 나라를 누리고 살지 못한다면 예수님을 분명하게 영접하지 않았거나 예수님을 바라보고 살지 않기 때문입니다. 예수님을 정말 영접하면 삶이 바뀌지 않을 수가 없습니다.

하나님나라의 라이프스타일

세상 사람들은 하나님의 나라가 있는지, 예수를 믿으면 하나님의 나라에 가는지 정말 알고 싶어 합니다. 시편 15편은 하나님의 나라를 믿는 사람의 모습이 어떨지에 대하여 말씀합니다. 하나님의 성전에 올라가서 예배할 자, 하나님의 나라에 들어갈 자가 누구인지 그 특징을 네 가지로 말씀합니다.

첫째, 정직하게 행합니다.

정직하게 행하며 공의를 실천하며 그의 마음에 진실을 말하며 시 15:2

하나님의 나라가 마음에 이루어진 사람은 거짓말을 못합니다. 예전에는 그렇게 하지 못했을지라도 이제는 정직하고 진실해집니다. 그것이 하나님나라의 삶의 스타일입니다. 하나님은 정직한 영이십니다. 거짓이 없으십니다. 그러나 마귀는 거짓의 영입니다. 여러분, 혹시 신천지와 같은 이단에서 속이고 들어온 사람이 있습니까? 정신을 똑바로 차리고 분명히 깨달으시기 바랍니다. 교회에 들어와서 나는 신천지가 아니라고 거짓말하게 하는 그 영이 도대체 무엇이겠습니까? 하나님이 그렇게 하시겠습니까? 하나님나라의 삶의 스타일은 손해 보아도 정직하게 살고 조롱을 받아도 거짓말하지 않는 것입니다. 정직하여 손해를 보는 것보다 하나님의 나라에 속한 것이 훨씬 더 좋기 때문입니다.

둘째, 함부로 남의 말을 하지 않습니다.

그의 혀로 남을 허물하지 아니하고 그의 이웃에게 악을 행하지 아니하며 그의 이웃을 비방하지 아니하며 시 15:3

하나님의 나라가 마음에 이루어지고 나면 함부로 말하지 못합니다. 남을 비판하는 말, 허물하는 말, 조롱하는 말을 입에서 그치게 됩니다. 다른 사람에게 악하게 하지 않습니다. 하나님의 나라에 눈이 뜨이고 나면 어떤 악한 사람도 품어집니다. 그가 미운 것이 아니라 너무너무 불쌍합니다.

부목사님의 예수동행일기 중에 어느 교우의 임종예배를 드린 내용이 있었습니다. 암으로 고생하시다가 세상 떠날 때가 가까운 것을 알고 그래도 의식이 있을 때 하나님께 임종예배를 드리자고 권하자 이분이 극한 고통 중에 있으면서도 예의를 갖춰 침상에서 일어나 무릎을 꿇으셨습니다. 코에서 피가 흐르고 입에서 계속 피를 토해내면서 하나님 앞에 마지막 예배를 드렸습니다.

"예수님의 십자가 보혈이 성도님의 모든 죄를 용서해주시고 깨끗하게 하신다는 것을 믿습니까?" "아멘" 하였습니다. "예수님이 천국으로 인도해주실 것을 믿으며 천국에 갈 확신이 있습니까?"
"아멘" 하였습니다. 그러면서 "죄 많은 나를 용서해주시고 받아주
시고 하나님의 아들 삼으신 것을 감사합니다." 그렇게 그가 유언의
말을 했습니다. 한결같이 사랑해줘서 고맙고 감사하다고 가족을
향해 유언하고 친구를 향해 유언을 하였습니다. 옆에 있던 큰아들
을 붙들고 "네 결혼식 때 내가 멋있게 가려고 했는데…" 그러고는
말을 잇지 못하고 울면서 다 눈물바다가 되었다고 합니다.

여러분, 임종할 때 무슨 말을 하겠습니까? 임종 때 말이 달라지
는 이유는 하나님 앞에 아주 가까이 있기 때문입니다. 하나님 앞에
가서도 남의 말을 할 사람은 없습니다. 하나님 앞에 가서도 원망
불평할 사람은 아무도 없습니다. 하나님의 나라를 바라보고 하나
님의 나라를 실제로 누리고 살면 말이 완전히 달라집니다.

초대교회 성도들은 예수 믿는 것 때문에 맞아 죽고, 칼에 죽고,
짐승에게 뜯겨 죽었습니다. 그러면서 그들은 오히려 전도했습니
다. 핍박과 고난 중에 그들은 찬송하고 용서하고 감사하고 사랑함
으로 전도했습니다. 그런 모습을 보고 핍박하는 자들이 오히려 두
려워지기 시작했습니다. "천국이 진짜 있는 게 아닐까? 정말 천국
이 있으면 어떻게 하지?" 결국 복음을 받아들이고 로마가 기독교
국가가 되었습니다.

예수를 믿고 하나님의 나라를 누리는 일은 실제입니다. 여러분
이 지금 불평하고 원망하고 비난하고 다툰다면 그것은 억울해서
그런 것이 아니라 하나님의 나라를 보지 못해서 그런 것입니다. 하

나님의 나라를 바라보는 눈이 뜨이고 나면 사람을 향하여 절대로 악하게 하지 못합니다.

어느 목사님이 어릴 때 동생을 진짜 많이 때렸다고 합니다. 동생이 말을 듣지 않아서 할머니가 동생을 때려주라고 시켰다는 것입니다. 아마 손주를 둘이나 돌보기 힘드셨던 할머니가 동생이 잘못하면 형이 야단을 좀 치라는 의미로 때려주라고 하신 것 같습니다. 그래서 정말 동생을 때려주었는데 할머니가 자기를 야단치기를 "내가 때리라 그랬지 죽이라 그랬냐?" 그러더라는 것입니다. 그때는 그런 할머니가 이해가 되지 않았는데 나이가 들어서 이해가 되었다고 합니다. 할머니는 동생을 정말 사랑하셨지만 자신은 형의 권위를 앞세워 과시하려고 했었다는 것입니다. 마음이 전혀 달랐던 것입니다. 하나님의 나라가 그 마음에 이루어진 사람은 다른 사람에게 절대로 악하게 하지 못합니다. 그래서 이웃 사랑은 하나님의 나라가 임해야 가능합니다. 이웃 사랑이 첫째 계명이 아니라 둘째 계명인 것을 주목해야 합니다.

셋째, 하나님을 경외함으로 모든 일을 합니다.

그의 눈은 망령된 자를 멸시하며 여호와를 두려워하는 자들을 존대하며 그의 마음에 서원한 것은 해로울지라도 변하지 아니하며 시 15:4

하나님의 나라를 알고 하나님의 나라가 마음에 이루어지면 모든 일을 '하나님을 경외함'으로 하게 됩니다. 손해가 되더라도 약속을 지킵니다. 하나님을 경외하기 때문입니다. 하나님의 마음을 아프게 하는 일을 하지 않습니다. 하나님을 경외하는 사람이 가깝게 느껴지고 그렇지 않은 사람을 멀리하게 됩니다. 하나님을 경외함으로 예배 시간 전에 교회에 도착합니다. 하나님을 경외함으로 노약자에게 엘리베이터를 양보하고, 하나님을 경외함으로 식당에서 줄을 서고, 하나님을 경외함으로 다른 사람에게 기꺼이 자리를 양보합니다. 하나님을 경외하는 마음이 모든 삶에 영향을 끼칩니다.

넷째, 돈에 대한 욕심이 없어집니다.

이자를 받으려고 돈을 꾸어 주지 아니하며 뇌물을 받고 무죄한 자를 해하지 아니하는 자이니 이런 일을 행하는 자는 영원히 흔들리지 아니하리이다 시 15:5

여러분, 우리 마음에 하나님의 나라가 이루어진 가장 확실한 증거는 예수님이 돈보다 좋아진 것입니다. 요한계시록에 보면 천국은 그 길이 황금으로 되어 있다고 했습니다. 그러니까 천국은 황금을 밟고 사는 곳입니다. 전에는 돈이 우상이었습니다. 그런데 천국에서 우리는 돈을 밟고 다니며 살아갑니다. 더 이상 돈에 연연하지 않습니다. 그렇다고 돈을 함부로 하는 것은 아닙니다. 하지만 절대로 돈을 섬기고 살지는 않습니다. 그러나 하나님의 나라를 모르는

시편 15편

사람은 오직 돈입니다. 뇌물의 유혹을 이길 힘이 없습니다. 사도 바울이 자신에게 유익하던 모든 것을 배설물처럼 버릴 수 있었던 것은 자신에게 유익하던 모든 것보다 더 크고 놀라운 하나님의 나라를 보았기 때문입니다.

지금 여기서 사는 하나님나라의 삶

여러분, 한국 사람은 한국에서만 한국 사람입니까? 한국 사람은 일본에 가도, 미국에 가도, 아프리카에 가도 한국 사람입니다. 우리가 예수 믿고 하나님의 나라 백성이 되었으면 천국에 가야만 하나님의 나라 백성인 것이 아닙니다. 지금 여기 살아도 우리는 하나님의 나라 백성입니다. 많은 분들이 죽고 나면 변화될 줄 압니다. 세상에서 살 때는 세상 사람처럼 살다가 죽을 때 하나님의 나라 백성으로 변화되는 것이 아닙니다. 우리는 죽을 때 거듭나는 것이 아닙니다. 예수님을 믿을 때 거듭나는 것입니다. 이전에는 세상 사람이었는데 이제는 하나님의 나라 백성으로 하나님의 나라의 삶을 사는 것입니다. 그리고 하나님의 나라에 가서도 그렇게 사는 것입니다. 우리가 여기서 사는 대로 하나님의 나라에서도 그렇게 사는 것입니다.

우리는 하나님의 나라에서 다음 네 가지 중 하나에 해당합니다. 첫째, 앞으로 하나님의 나라에 갈 것으로 생각하며 살아왔든지, 둘째, 하나님의 나라와 아무 상관없이 세상만 바라보고 살아왔든지,

셋째, 하나님의 나라 주변에서 빙빙 돌며 살아왔든지, 넷째, 하나님의 나라 안에 살고 있는 것입니다. 여러분은 어떤 삶을 살아왔습니까? 이 대답으로 우리가 예수님을 바로 믿고 살았는지 점검해볼 수 있습니다. 예수님을 가장 잘 믿는 성도는 지금 하나님의 나라에서 살고 있습니다.

최춘선 할아버지를 기억하십니까? 그는 일본에서 유학했고 집이 엄청난 부자라서 그 부를 고스란히 물려받았습니다. 남부러울 것이 없는 분이었습니다. 그런 분이 마지막 순간까지 맨발로 지하철을 다니며 "예수 천당"을 외치셨습니다. 무엇 때문에 그러셨습니까? 예수님의 사랑을 깨닫고 나니 사람이 보이고 나라가 보이고 하나님의 나라가 보였던 것입니다. 많은 그리스도인들이 그 분을 통해 엄청난 충격을 받았고 하나님의 마음을 느꼈습니다.

내 주 예수 계신 곳이 그 어디나 하늘나라

하나님의 나라를 보는 눈이 열리려면 하나님의 성령이 우리에게 임해야 합니다. 2007년에 성지순례를 갔는데 그때 받은 감동이 지금도 느껴집니다. 가장 큰 성령의 역사를 경험했던 곳은 갈릴리 호숫가였습니다. 예수님이 자신을 세 번 부인했던 베드로에게 찾아오셔서 세 번이나 "나를 사랑하느냐?"라고 물으셨다는 곳, 거기에 예배당이 지어졌는데, 그 예배당 안에서 예배를 드리고 싶었지만 허락되지 않아 바깥 정원에 모여 다같이 예배를 드렸습니다. '갈릴리 호숫가에서'라는 찬송을 부르는데 "사랑하는 시몬아, 넌 날 사랑하느냐?"라고 하는 대목에서 입이 열리지 않고 눈물이 나기 시작했습니다. 저만 그런 것이 아니라 다른 분들도 고개를 숙이며 흐느끼기 시작했습니다.

목사가 되어 성지순례까지 왔지만 주님 앞에 섰을 때 "제가 주님을 사랑하며 살았습니다"라고 고백할 자신이 없는 애통함이 크게 밀려왔습니다. 성령께서 우리가 주님과 대면할 때 어떤 마음이 되는지 경험하게 해주신 것입니다. 그동안 우리가 주님을 부인하고 살았던 일이 얼마나 많았는지 깨달았고, 그러면서도 여전히 주님이 우리를 사랑하고 계심을 깨닫는 시간이었습니다. 만약 관리인이 여기서도 예배드리지 말라고 우리를 막지 않았다면 우리는 거기서 대성통곡했을 것입니다,

출판사로부터 오영필이라는 방송 피디가 쓴 《서쪽 나라》(홍성사)라는 책을 받아보았습니다. 그가 탈북자들을 취재하러 중국에 갔다가 중국 공안에 체포되어 두 차례에 걸쳐 총 600여 일간 감옥에서 겪었던 일들을 책으로 출간한 것입니다. 처음 중국 감옥에 갇히게 되었을 때 그는 언제 석방될지 모른다는 불안함과 나쁜 짓을 한 것도 아닌데 감옥에 갇히게 된 당혹감과 고통에서 빨리 벗어나게 해달라고 하나님 앞에 몸부림쳤다고 합니다.

그런데 감옥에서 아무것도 할 수 없을 때 그 상황이 너무 답답한 나머지 몰래 일기를 쓰기 시작했습니다. 그는 일기를 쓰면서 하나님이 자신을 내버리신 게 아니라는 것을 깨닫게 됩니다. 자신은 끊

임없이 내보내달라고 기도하는데, 놀랍게도 감옥 안에 하나님의 임재와 하나님의 나라가 이루어지는 것을 경험합니다. 자신과 아무 상관 없는 중국 죄수들이 보이기 시작합니다. 그들을 위해 기도하게 되고, 그들을 사랑하게 되고, 그러면서 그곳에서 일하시는 하나님을 보게 됩니다. 감옥에서 북한 사람을 만나 그와 형제 관계도 맺습니다. 이미 돌아가셨지만 북에 가족을 두고 내려와 고통스러운 삶을 사셨던 아버지의 심정도 이해하게 되면서 아버지와 마음으로 화해하게 되었습니다. 감옥에서 우는 자와 함께 계시는 하나님을 만난 것입니다.

말씀이 나와 함께 있는 이상 이제 이곳은 감옥이 아니다. 말씀이 곧 하나님이므로 나는 하나님과 함께하는 것이다. 하나님이 나와 함께하시는데 내가 무엇을 두려워하며 무엇을 더 구하겠는가? 이제 이곳을 나가는 순간까지 오직 말씀에 집중하리라. 나에게 주시고자 하는 그분의 음성을 말씀을 통해 들으리라.

여러분, 우리 형편은 너무나 다양합니다. 그러나 우리 형편이 아무리 힘들고 어려워도 예수님을 마음에 영접했으면 그는 하나님의 나라에서 살고 있는 것입니다. 예수님 안에 있기 때문입니다. 예수님이 다스리는 곳은 다 하나님의 나라입니다. 우리 모두 예수님 안에서 하나님의 나라를 누리며 살고, 하나님의 나라 백성으로 살고, 주위 사람들에게 증거할 수 있기를 축복합니다.

16

주밖에는
나의 복이 없다

2011년 일본 대지진 때, 원전 폭발과 방사능 유출을 막기 위한 결사대 279명이 긴급 투입되었다고 합니다. 이분들 중에 그리스도인이 있었습니다. 후쿠시마 원자력 발전소 전력 복구 작업을 담당하는 사토우 나오요시라는 분이 크리스천이고, 원전에서 일하는 후쿠시마 제일성서침례교회 교인들도 여러분 있었습니다. 일본 국민들의 생명을 구하기 위하여 자신의 생명을 아끼지 않고 헌신했던 일본의 그리스도인 형제들의 소식을 들으며 우리도 이런 결단의 순간에 준비되어 있는지 질문해보게 됩니다. 여러분은 하나님이 어떤 명령을 내리시든지, 어떤 사명을 주시든지 감당할 수 있는 준비가 되어 있습니까?

다윗을 살린 고백

시편 16편은 저에게 너무나 놀라운 하나님의 은혜와 위로의 말씀이었습니다. 저에게 가장 깊이 와 닿은 구절은 2절 말씀입니다.

… 주는 나의 주님이시오니 주밖에는 나의 복이 없다 하였나이다 시 16:2

"나는 주님을 떠나서는 살 수 없습니다. 어떤 길로 인도하시든지 하나님만 나의 복입니다. 주님이 말씀하시는 대로 살겠습니다." 그런 내용의 고백입니다. 제가 늘 고백하기 좋아하는 "나는 죽고 예수로 삽니다", "예수님 한 분이면 충분합니다"와 같은 고백입니다.

이 고백을 했던 다윗은 당시 굉장히 어려운 형편에 처해 있었습니다.

하나님이여 나를 지켜주소서 내가 주께 피하나이다 시 16:1

다윗은 다급히 하나님의 도우심을 구하며 하나님이 구원해주시기를 기도하고 있습니다. 육신의 질병인지 또는 대적의 무리로 인한 것인지는 모르지만 생명의 위협을 당하는 그 순간에 다윗은 "주는 나의 주님이시오니 주밖에는 나의 복이 없다"라고 고백하였습니다. 인간적인 방법, 세상적인 방법도 많이 있었겠지만 다윗은 정말 하나님을 믿었고 하나님을 바라보았고 하나님만을 붙잡았습니다. 그래서 다윗은 오히려 생명의 길을 찾을 수 있었습니다. "주밖에는 나의 복이 없다"는 이 고백이 다윗을 살렸습니다. 우리가 이미 잘 아는 것처럼 다윗은 정말 위대한 하나님의 사람이었습니다. 그것은 다윗에게 이와 같은 믿음의 고백과 결단이 있었기 때문입

주밖에는 나의 복이 없다   279

니다.

　그러나 어떤 사람은 이 고백이 두려울 것입니다. "예수님 한 분이면 충분하다", "나는 죽고 예수로 산다", "주밖에 다른 복이 없다" 이렇게 믿고 고백하는 것이 너무 지나치다, 극단적이라고 생각되는 사람이 있습니다. 이렇게 고백하고 산다면 세상에서 낙오자가 되고 실패자가 되고 가난하게 될 것이라고 생각합니다. 그런 사람의 입장에서 보면 시편 16편은 부담스러운 말씀일 것입니다

주 예수보다 더 귀한 것이 없는 사람

한번은 부흥회를 인도하러 가서 설교를 마친 다음 찬송가 94장 '주 예수보다 더 귀한 것은 없네'를 부르며 하나님 앞에 결단의 시간을 가지고자 했습니다.

주 예수보다 더 귀한 것은 없네 이 세상 부귀와 바꿀 수 없네

영 죽을 내 대신 돌아가신 그 놀라운 사랑 잊지 못해

주 예수보다 더 귀한 것은 없네 이 세상 명예와 바꿀 수 없네

이전에 즐기던 세상 일도 주 사랑하는 맘 뺏지 못해

주 예수보다 더 귀한 것은 없네 이 세상 행복과 바꿀 수 없네

유혹과 핍박이 몰려와도 주 섬기는 내 맘 변치 못해

세상 즐거움 다 버리고 세상 자랑 다 버렸네

주 예수보다 더 귀한 것은 없네 예수밖에는 없네

많은 분들이 잘 알고 많이 부르는 찬송가입니다. 그런데 그날 1 절을 부르다가 '우리가 정말 이 찬송을 부를 수 있을까? 정말 그런 가? 하나님이 이 찬송을 들으시기에 괜찮으실까? 만약 예수님 외에도 좋아하고 바라는 것이 있는데, 이 찬송을 부른다면 하나님의 마음이 얼마나 아프실까?' 하는 생각이 들었습니다. 정말 주 예수보다 더 귀한 것이 없는 사람, 이제는 진짜 예수님 때문에 세상 즐거움, 세상 자랑, 세상 부귀, 세상 명예를 다 버리고 오직 예수님만 붙잡은 사람이 이 찬송을 부르면 주님이 너무나 기뻐하실 것입니다. 그러나 아직도 예수님보다 더 좋아하고 바라는 것이 있는데, 버젓이 이 찬송을 불러서는 안 될 것 같았습니다. 실제로 누군가 나를 사랑하는 것도 아니면서, 겉으로 말만으로 당신밖에 없다고 하면 오히려 마음이 더 어렵지 않겠습니까.

그래서 1절을 부르고 난 뒤 찬송 부르는 것을 중단하고 성도들에게 이런 제 마음을 전했습니다. 그리고 이 찬송이 정말 자신의 고백이신 분만 불러보자고 제안했습니다. 예수님 때문에 세상 즐거움, 세상 자랑, 세상 명예를 진짜 다 버리신 분들만 불러보자고 하고 다시 2절부터 부르기 시작했는데 아무도 찬송을 부르지 못하였습니다. 찬송만 못 부르는 게 아니라 시간이 지나면서 여기저기서 흐느끼는 소리가 터져 나왔습니다. 교인들의 마음에 성령의 근심이 너무나 강하게 느껴졌던 것입니다. 여러분은 진심으로 94장 찬송을 부를 수 있습니까?

시편 16편의 다윗의 고백이 바로 그 고백입니다. "주는 나의 주님이시니 내게는 주밖에 다른 복이 없습니다." 여러분은 정말 이렇게 믿으십니까? 그러나 "주 예수보다 더 귀한 것이 없습니다"라고 분명히 고백하지 못한다고 너무 좌절하거나 자책하지 말기 바랍니다. 왜냐하면 사람에게는 그것이 더 자연스러운 일이기 때문입니다. 이런 고백을 해야 한다고 몸부림치지도 말기 바랍니다. 그런다고 되는 것도 아니고 더 낙심하게 될 것입니다.

실제로 주 예수보다 더 귀한 것이 없다고 고백할 수 없으면서 분위기 때문에 사람을 의식해서 마치 그런 것처럼 찬송하는 것이 더 문제입니다. 아직까지 세상 즐거움, 세상 자랑, 세상 부귀가 다 버려지지 않았으면 그 점에 대해 정직하시면 됩니다. 일기장에 "나는 아직 다윗과 같이 고백하지 못하겠다. 나는 여전히 돈이 더 좋고 사람의 인정도 필요하고 성공도 하고 싶다." 그렇게 쓰기만 하면 됩니다. 다윗의 고백과 자신의 고백이 일치하지 않더라도 자신의 마음, 지금의 믿음 상태를 정직하게 쓰기 바랍니다. 그것이 나중에 주님이 자신을 바꾸셨다는 놀라운 증거가 될 것입니다. 다윗과 같은 고백은 저절로 되어져야 합니다. 그때야말로 진짜입니다.

시편, 하나님을 항상 자기 앞에 모신 자의 고백

그러면 어떻게 다윗과 같이 고백할 수 있습니까? 사람이 어떻게 하나님 외에 다른 복이 없고, 예수님 한 분이면 충분할 수 있습니까? 8절의 다윗의 고백에서 그 열쇠를 찾을 수 있습니다.

다윗이 하나님을 믿었지만 그가 지식으로만 믿은 것이 아닙니다. 다윗은 하나님을 살아 계신 하나님, 실제로 체험한 하나님으로 믿었습니다. 다윗은 하나님을 항상 자기 앞에 모셨습니다. 하나님이 항상 함께 계시는 것을 알았다는 말입니다. 실제로 하나님을 만났습니다. 사람들이 하나님을 믿어도 다 같은 것이 아닙니다. 하나님을 살아 계신 하나님으로 만나지 못한 사람은 "예수님 한 분으로 충분합니다", "예수님보다 더 귀한 것은 없습니다", "주밖에는 다른 복이 없습니다"라고 고백하지 못합니다. 그러나 정말 살아 계신 주님, 함께 계신 주님을 만나고 나면 "주님 외에는 내게 아무것도 필요 없습니다", "주님 한 분이면 충분합니다" 이렇게 고백하지 않을 사람이 없는 것입니다. 그 하나님의 영광을 보고 난 다음에도 여전히 다른 것에 미련을 가질 사람은 아무도 없을 것입니다.

시편 16편을 읽으면 다윗도 매일 일기를 쓰며 살았다는 사실을 알게 됩니다.

나를 훈계하신 여호와를 송축할지라 밤마다 내 양심이 나를 교훈하도다 시 16:7

우리가 예수동행일기를 쓰면서 지난 하루를 돌아보며 주님께서 훈계하고 교훈하시는 것을 깨닫듯이 다윗도 그랬다는 것입니다. 다윗도 매일매일 자신의 삶을 하나님 앞에서 점검하며 살았습니다. 다윗은 수많은 시편을 썼습니다. 그 많은 시편을 읽다보면 그가 매일 일기를 썼음을 알 수 있습니다. 하나님은 우리의 지식의 대상만이 아닙니다. 하나님은 실제로 만나지는 인격적 존재입니다. 그리고 그때만이 "내가 하나님을 믿는다"라고 말할 수 있습니다.

하나님의 일 한 가지

하나님만 섬기고 사는 것은 답답한 삶이 아닙니다. 정말 놀라운 축복의 삶입니다.

> 여호와는 나의 산업과 나의 잔의 소득이시니 나의 분깃을 지키시나이다 내게 줄로 재어준 구역은 아름다운 곳에 있음이여 나의 기업이 실로 아름답도다 … 이러므로 나의 마음이 기쁘고 나의 영도 즐거워하며 내 육체도 안전히 살리니 시 16:5,6,9

혹시 "하나님 외에는 다른 복이 없다", "예수님 한 분이면 충분하다", "나는 죽고 예수님으로 산다" 이러면 불쌍하게 살 것 같고 얽매여 살 것 같고 실패자로 살 것 같습니까? 십자가를 지고 가는 어려운 길로만 여겨지십니까? 그렇다면 생각을 바꾸어보기 바랍니다. "하나님 외에는 다른 복이 없습니다"라고 고백하고 사는 사람

시편 16편

이 얼마나 즐겁고 풍성하고 복된 삶을 사는지 다윗이 이를 증언해 주고 있습니다.

어느 분이 교회 게시판에 "솔직히 선한목자교회가 이해가 안 됩니다. 선한목자교회는 좀 이상합니다. 예수님은 있지만 내 존재는 없어진 것 같은 이상한 느낌도 싫습니다"라고 글을 올리셨습니다. 아마 이분은 '나는 죽고 예수로 산다', '24시간 예수를 바라보라'는 말이 그렇게 느껴진 모양입니다. 그러나 자신의 존재가 없어진 것처럼 여겨지는 것이 얼마나 놀라운 믿음인지 아십니까? 사랑하는 사람을 만나 사랑에 푹 빠졌다고 합시다. 그럴 때 사랑하는 사람을 바라보고만 있어도 다른 생각이 안 나고 나 자신도 잊어버리는 경험을 해보셨습니까? 온통 그 사람 생각뿐이고 그 사람과 같이 있어서 너무 행복한 그런 경험 말입니다. 예수님을 바라보면서 자신이 전혀 느껴지지 않고 자신에 대한 생각이 조금도 나지 않을 만큼 행복한 상태, 우리가 예수를 믿어도 이렇게 믿을 수 있으면 얼마나 좋을까 생각해볼 수는 없겠습니까?

어느 목사님께서 신학교를 졸업하고 1년이 지나, 전국에 흩어져서 사역하는 동문들을 한자리에 모아 유명한 목사님을 모시고 강연을 듣게 되었습니다. 그런데 강사 목사님이 기가 막힌 이야기를 합니다. "여러분이 할 일은 없습니다." 계속해서 "여러분이 무슨 일을 합니까? 열심히 설교하셨나요? 열심히 전도하셨습니까? 제발 그러지 마십시오. 여러분은 아무것도 하지 않아야 됩니다. 여러분이 열심히 하는 그것이 하나님께 얼마나 짐이 되는지 아십니까?

여러분이 열심히 하는 것으로는 아무것도 얻을 것이 없습니다." 그리고 반드시 이것을 명심하라고 했습니다.

> … 하나님께서 보내신 이를 믿는 것이 하나님의 일이니라 하시니 요 6:29

"여러분이 하나님의 종이면 하나님이 보내신 이, 예수 그리스도를 믿는 것에만 전념하세요." 오직 예수님만 믿으라는 것입니다. 그러나 솔직히 그때는 혼란스럽고 이해가 되지 않았다고 합니다. 그런데 나중에 자신의 목회를 돌아보면서 그 말씀이 얼마나 놀라운 말씀인지 깨달았다고 합니다. '목사가 잘해서 잘되는 게 아니구나! 하나님이 역사하시는 것이고 하나님이 인도하시는 것이고 하나님이 하시는 대로 순종하기만 하면 잘되는 것이구나!' 그리고 평생을 걸쳐 목회를 하였지만 자신이 한 것은 예수님을 믿은 것 하나밖에 없다는 고백을 하셨습니다.

예수님과 함께 사는 것이 믿음이다

여러분, 자신의 존재가 사라질까 걱정하지 마십시오. 예수님을 믿는다는 것이 무엇인지 분명히 아시기 바랍니다. 시편 16편을 이해하려면 우리에게 주신 복음을 정확하게 알아야 합니다. 예수님을 믿는다는 것은 단순히 속죄함을 받는 것만이 아니고 예수님이 우리 마음에 오셔서 우리와 함께 사시는 것입니다.

그리고 아버지께서 여러분의 믿음을 보시고 그리스도로 하여금 여러분의 마음속에 들어가 사실 수 있게 하여주시기를 빕니다. 그래서 여러분이 사랑에 뿌리를 박고 사랑을 기초로 하여 살아감으로써 엡 3:17 공동번역

이것은 예수님께서 친히 약속하신 것입니다.

예수께서는 이렇게 대답하셨다. "나를 사랑하는 사람은 내 말을 잘 지킬 것이다. 그러면 나의 아버지께서도 그를 사랑하시겠고 아버지와 나는 그를 찾아가 그와 함께 살 것이다. 요 14:23 공동번역

예수님을 믿는 것은 예수님과 함께 사는 것입니다. 다윗이 항상 하나님을 내 앞에 모신다고 한 것과 같은 뜻입니다. 24시간 예수님을 바라보는 것과 같은 말입니다. 예수님은 이 말씀을 예수님이 하나님께로 승천하여 가시는 이유를 설명하면서 하셨습니다.

내 아버지 집에 거할 곳이 많도다 그렇지 않으면 너희에게 일렀으리라 내가 너희를 위하여 거처를 예비하러 가노니 가서 너희를 위하여 거처를 예비하면 내가 다시 와서 너희를 내게로 영접하여 나 있는 곳에 너희도 있게 하리라 요 14:2,3

예수님이 하나님께로 가는 것은 천국에 우리를 위한 거처를 마련해놓으시기 위해서라고 합니다. 다시 우리와 영원히 함께 살겠

다는 약속도 하셨습니다. 그러면 그때까지 우리는 우리 마음에 예수님이 거하실 처소를 마련할 수 있어야 합니다. 지금 여기서 우리 마음에 예수님을 모시고 함께 살다가 천국에서 주님과 영원히 함께 사는 것입니다. 그러니까 천국은 예수님과 함께 있는 곳입니다.

이 말을 들었을 때 제자들은 이해할 수 없었을 것입니다. 그러나 오순절에 성령님이 그들의 마음에 임하셨을 때 비로소 예수님이 하신 말씀이 이루어졌다는 것을 알았습니다. 오직 성령이 임하시는 기적을 통하여 우리 마음에 예수님이 거하시게 된 것입니다. 그리스도인에게 이보다 더 놀라운 복과 특권을 생각할 수 있겠습니까. 우리는 예수님을 만나지 못했습니다. 그러나 우리는 제자들이 3년간 예수님을 따라다니며 예수님에 대해서 안 것보다 예수님을 더 많이 알게 되었습니다. 왜냐하면 예수님이 우리 안에 와 계시기 때문입니다.

예수를 너희가 보지 못하였으나 사랑하는도다 이제도 보지 못하나 믿고 말할 수 없는 영광스러운 즐거움으로 기뻐하니 벧전 1:8

예수님을 보지 못한 우리가 예수님을 믿고 사랑한다니 얼마나 신비한 역사입니까. 우리 안에 오신 성령으로 인하여 우리가 예수님을 그렇게 만나게 된 것입니다.

간혹 집에 손님이 오면 반갑기도 하지만 불편하기도 합니다. 그래서 손님을 치른다고 표현합니다. 더욱이 그 손님이 집에 묵는다면 그것은 더 불편한 일일 것입니다. 그런데 손님이 아니라 예수님을 마음에 항상 모시고 산다면 어떨까요?

오늘의 교회 안에 두 종류의 신자가 있습니다. 예수님이 마음에 오신 것을 정말 믿는 분입니다. 그 사람은 더 이상 옛날처럼 살지 못합니다. 무슨 말을 해도, 무슨 일을 해도, 누구와 교제를 해도 예수님이 함께 계시니 모든 것이 달라집니다. 그래서 다른 사람들이 '아, 저 사람이 예수를 믿는구나!' 하고 알게 됩니다. 예전에 알던 사람과 완전히 다른 사람이기 때문입니다.

반면에 예수님이 마음에 계신다는 것을 실제로는 믿지 않는 사람입니다. 그들은 여전히 자기 마음대로 살아갑니다. 제자훈련 세미나의 추천도서 중에 로버트 멍어 교수의 《내 마음 그리스도의 집》(IVP)이라는 책이 있습니다. 이 책은 예수님을 정말 마음에 영접했다는 것이 무엇인지 너무 쉽고 분명하게 깨닫게 해주는 책입니다. 이 책의 주인공이 예수님을 마음에 주님으로 영접합니다. 그러자 예수님이 마음에 오셨고, 주인공은 예수님을 자신의 마음의 집 여기저기를 안내하며 다니면서 경험한 이야기입니다. 서재에 들어갔다가 예수님께는 차마 보여드릴 수 없는 책과 잡지, 벽에 걸린 그림 때문에 당황해 합니다. 주방에 가서는 주님께 대접해 드릴 마땅한 것이 없습니다. 자신의 식욕만 채우는 탐식으로 살았던 것입니다. 거실에서는 주님과 함께 볼 수 없는 텔레비전 프로그램을 보고 살았음을 알았습니다. 작업실에서는 자기의 노력으로 만든 것들을 보면서 그것이 얼마나 초라한지를 알았습니다. 주님의 힘을 의지하지 못하고 산 것은 다 실패임을 알았습니다. 오락실에서는 자신이 예수님과 함께할 수 없는 오락에 빠져 산 것을 깨달았습니다. 친구들과 놀러가면서 도무지 예수님을 모시고 갈 수가 없었습니다. 침실에서의 자신의 모습도 너무나 부끄러웠습니다. 성적으로 문란했습니다. 그리고 정말 차마 주님께 보여드릴 수 없는 비밀의 방도 있었습니다.

하루는 너무 바빠서 정신없이 출근하는데 거실 벽난로 앞에 예수님이 혼자 앉아 계신 것을 보았습니다. 조심스럽게 주님께 다가가 "주님, 아침마다 늘 여기에 오셨습니까?" 그러자 "그럼" 하고 주님이 말씀하셨습니다. 그 말씀에 너무 부끄러웠습니다. 자신이 예수님을 손님으로 모시지도 않았다는 것을 깨달은 것입니다. 이 책에서 저자는 이제라도 우리의 마음을 예수님의 소유가 되게 하라고 도전합니다. 이제는 내 집의 소유권을 예수님께 옮겨드려야 한다고 말합니다. 예수님을 주님으로 영접했다면 반드시 그래야 한다는 것입니다. 예수님을 모시고 사는 것이 아니라 예수님의 집에서 산다고 생각해야 한다고 합니다. 이것은 정말 엄청난 생각의 전환입니다.

항상 주님을 바라보며 사는 사람은 개인의 자유가 없이 자신의 꿈을 잃고 자신의 존재도 사라져버리는 정말 불행한 사람일까요? 여전히 그렇게 생각이 되십니까? 모세가 산에서 십계명을 가지고 내려왔을 때 이스라엘 백성의 장로들이 모세에게 나와 말했습니다.

> 이제 우리가 죽을 까닭이 무엇이니이까 이 큰 불이 우리를 삼킬 것이요 만일 우리가 우리 하나님 여호와의 음성을 다시 들으면 죽을 것이라 육신을 가진 자로서 우리처럼 살아 계시는 하나님의 음성이 불 가운데에서 발함을 듣고 생존한 자가 누구니이까 당신은 가까이 나아가서 우리 하나님 여호와께서 하시는 말씀을 다 듣고 우리 하나님 여호와께서 당신에게 이르시는 것을 다 우리에게 전하소서 우리가 듣고 행하겠나이다 하였느니라 신 5:25-27

장로들의 이 말은 한마디로 하나님이 무섭다는 것입니다. 모세가 하나님께 나아가 하나님의 말씀을 들으면 자신들은 모세를 통하여 하나님의 말씀을 전해 듣겠다는 것입니다. 그때 하나님께서 모세에게 이스라엘 백성의 장로들의 이야기를 들어주라고 하십니다. 솔직한 하나님의 심정은 모세만 가까이 두고 싶으신 것이 아니라 이스라엘 백성의 장로들도 가까이하고 싶으셨던 것입니다. 그러나 그런 하나님의 마음과 달리 이스라엘 백성의 장로들은 하나님을 가까이하는 것이 무섭고 부담스럽다고 한 것입니다. 그 말을 들은 하나님의 마음이 어땠을지, 그리고 모세라도 가까이 두려고 하시는 하나님의 마음이 느껴져서 가슴이 콱 메었습니다.

너는 여기 내 곁에 서 있으라 … 신 5:31

하나님은 이스라엘 백성과 가까워지고 싶어 하셨습니다. 친밀하게 교제하고 싶으셨습니다. 그런데 그들은 하나님을 직접 만나는 것이 너무 부담스럽다고 합니다. 그때 "그들은 가게 하고 모세 너만은 여기에 나와 함께 있자"고 하시는 하나님의 마음을 아시겠습니까? 저는 이 구절을 읽으며 하나님이 얼마나 교제에 대한 갈급함이 있으신지 느꼈습니다.

여러분, 하나님께서 모세에게 "너는 여기 내 곁에 서 있으라"고 하신 말씀이 모세에게 저주로 들립니까? 모세가 불행한 사람처럼 보입니까? 솔직히 모세는 하나님과 함께 살면서 자기 마음대로 못 살았습니다. 항상 하나님의 종으로만 살았습니다. 모세의 꿈, 모세의 계획, 모세의 삶, 모세의 성공은 버려야 했을지 모릅니다. 그래서 자신의 꿈 한번 제대로 펼쳐보지 못한 모세가 불쌍하고, 그가 평생 무거운 짐을 지고 산 사람 같습니까? 모세가 불행한 사람입니까?

저는 모세가 부럽습니다. 모세처럼 되고 싶습니다. "주여, 제가 주님을 사모합니다. 주님을 사랑합니다. 주님께 더 가까이 가기를 원합니다." 하나님 앞에 눈물로 기도하였습니다. 다른 것은 아무것도 원하는 것이 없습니다. 주님이 저에게도 "너는 내 가까이에 있으라"라고 말씀하시는 그 복을 받고 싶다는 간절한 소원을 올려 드렸습니다. 주님 가까이에 있을 수만 있다면 다 버리라고 해도 할 수 있을 것 같습니다. 진짜 복이 무엇인지 아시기 바랍니다. 진짜 승리하는 길, 정말 잘 사는 길, 참 기쁨의 길이 주님께 있습니다.

생명의 길, 예수님

다윗이 왜 그렇게 부럽습니까? 다윗이 누구보다도 행복한 사람이라고 하는 이유는 그가 왕이었기 때문이 아닙니다. 부귀와 권세를 많이 가졌기 때문이 아닙니다. 복의 근원이신 여호와 하나님과 항상 동행하며 살았기 때문입니다. 하나님을 항상 내 앞에 모시고 살 수 있었기 때문입니다. 여러분, 분명히 알아야 합니다. 우리는 모세보다 다윗보다 더 놀라운 축복을 받고 있습니다. 예수님 때문에 성령 하나님이 우리 마음에 오셨습니다. 예수님 때문에 십자가로 인하여 이미 다 이루어주신 축복입니다. 우리가 그것을 믿기만 하고 받아들이기만 하면 됩니다.

예수님만이 우리를 생명의 길로 인도하십니다.

주께서 생명의 길을 내게 보이시리니 주의 앞에는 충만한 기쁨이 있고 주의 오른쪽에는 영원한 즐거움이 있나이다 시 16:11

예수님이 주시는 생명의 길로 가면 충만한 기쁨이 있고, 영원한 즐거움이 있습니다. 많은 분들이 예수님을 믿어도 안 된다고 합니다. 아닙니다. 예수님을 바로 믿지 못해서 안 되는 것입니다. 예수님을 아는 것이 믿는 것은 아닙니다. 예수님을 마음에 왕으로 영접하고 24시간 예수님을 바라보며 예수님께 순종하는 것이 예수님을 믿는 것입니다. 우리가 할 일은 그것밖에 없습니다. 그다음은 주님이 하십니다. 주님이 내 삶을 통하여 주님이 원하시고 기뻐하시는 놀라운 일을 행하시는 것입니다.

사랑하는 성도 여러분, 예수님을 마음에 주님으로 왕으로 영접하셨습니까? 이 단계가 분명해야 합니다. 그러면 말씀과 성령의 역사로 예수님의 임재를 경험하게 될 것입니다.

주밖에는 나의 복이 없다

초판 1쇄 발행   2020년 9월 28일
초판 5쇄 발행   2023년 2월 13일

지은이   유기성

펴낸이   여진구
책임편집   안수경
편집   이영주 박소영 최현수 김도연 김아진 정아혜
책임디자인   노지현 | 마영애 조은혜 이하은
기획·홍보   진효지
마케팅   김상순 강성민   마케팅지원   최영배 정나영
제작   조영석   경영지원   김혜경 김경희 이지수

303비전성경암송학교   박정숙
이슬비전도학교 / 303비전성경암송학교 / 303비전꿈나무장학회

펴낸곳   규장

주소   06770 서울시 서초구 매헌로 16길 20(양재2동) 규장선교센터
전화 02)578-0003   팩스 02)578-7332
이메일 kyujang0691@gmail.com   홈페이지 www.kyujang.com
페이스북 facebook.com/kyujangbook   인스타그램 instagram.com/kyujang_com
카카오스토리 story.kakao.com/kyujangbook
등록일 1978.8.14. 제1-22

책값   뒤표지에 있습니다.
ISBN 979-11-6504-138-0 04230
      979-11-6504-137-3 (세트)

규 | 장 | 수 | 칙

1. 기도로 기획하고 기도로 제작한다.
2. 오직 그리스도의 성품을 사모하는 독자가 원하고 필요로 하는 책만을 출판한다.
3. 한 활자 한 문장에 온 정성을 쏟는다.
4. 성실과 정확을 생명으로 삼고 일한다.
5. 긍정적이며 적극적인 신앙과 신행일치에의 안내자의 사명을 다한다.
6. 충고와 조언을 항상 감사로 경청한다.
7. 지상목표는 문서선교에 있다.